Kirstin Jebautzke

Lernwerkstatt: Wald

Fachübergreifende Materialien
1.–4. Klasse

Die Autorin

Kirstin Jebautzke ist erfahrene Grundschullehrerin aus Schleswig-Holstein und Autorin zahlreicher Lehr- und Lernmaterialien für die Primarstufe.

Gedruckt auf umweltbewusst gefertigtem, chlorfrei gebleichtem und alterungsbeständigem Papier.

2. Auflage 2021

Grafik: Hauptillustratorin: Barbara Gerth
weitere Grafiken von: Wibke Brandes (Baum S. 30, 87, Blume S. 30, 87, Einzug Jesus S. 70, Gras S. 42, Hase S. 30, 87, Vogel S. 30 ,87), Elisabeth Lottermoser (Beeren S. 63, Fuchshöhle S. 57, Marder S. 59, 94, Raupe S. 59, 94, Taube S. 70, Mischwald S. 19), Robert Gunkel und Christa Claessen (Busch S. 63), Rebecca Meyer (Eiche S. 29, 69, Eichhörnchen S. 56, Fuchs S. 57, Kastanien S. 68, Kiefernzweig S. 52, 93, Weltkarte S. 62), Jennifer Spry (Eichel S. 39), Anke Fröhlich (Eichhörnchen auf vier Pfoten S. 41, Eichhörnchen sitzend S. 41), Fides Friedeberg (Eichhörnchen-Plakat S. 21), Sandra von Kunhardt (Farn S. 16), Roman Lechner (Fotosynthese leer S. 54, Fotosynthese ausgefüllt S. 94), Julia Flasche (Kiefer S. 52, 93, Lärche S. 52, 93, Tanne S. 52, 93), Marion El-Khalafawi (Meise S. 59, 94, Walderdbeere S. 59, 94, Kiefernzapfen S. 52, 68, 93, 95, Tannenzapfen S. 16, 68, 95), Nataly Meenen (Adam und Eva S. 70), Tania Schnagl und Robert Plötz (Sonne S. 5, S. 19, S. 23, S. 24, S. 25, S. 34, S. 48, S. 53, S. 54, S. 59, S. 61, S. 62, S. 68, S. 78)
Notensatz: Notensatzstudio Nikolaus Veeser, Schallstadt
Satz: Satzpunkt Ursula Ewert GmbH, Bayreuth

ISBN: 978-3-403-20330-8

www.persen.de

Inhalt

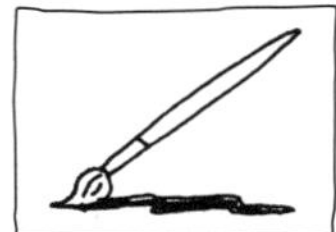

Kunst

Musik

Interkulturelles Lernen

Vorwort

Das Thema Wald gehört zu den „Klassikern" im Grundschulunterricht und findet sich darüber hinaus in jedem Curriculum, überwiegend für die Klassenstufe 3 und 4. Es ist sehr vielschichtig und dementsprechend komplex. Die **Lernwerkstatt Wald** bietet diverse Ansatzpunkte, um das Thema mit den Schülern[1] zu erarbeiten. Im Mittelpunkt steht dabei immer der handlungsorientierte Umgang mit den Materialien.

Die Kinder werden angeregt, sich **sachlich**, aber auch sehr **kreativ** mit dem Thema zu beschäftigen. Dabei liegt es an der Auswahl durch die Lehrkraft, wie komplex das Thema bearbeitet wird. Es besteht die Möglichkeit, zu gezielten Themenkreisen (siehe Seite 8) Materialien anzubieten, **fächerspezifisch oder fachübergreifend**.
Die Angebote sind den Fächern Deutsch, Mathematik, Sachunterricht, Englisch, Religion, Kunst und Musik zugeordnet. Zusätzlich gibt es Angebote im Bereich des interkulturellen Lernens und der Wahrnehmungsschulung bzw. Konzentration – weil auch diese Aspekte im schulischen Alltag immer wichtiger werden.

Bei der Konzeption der **Lernwerkstatt Wald** bin ich davon ausgegangen, dass Lehrkräfte neben Ergänzungen zum eigenen vorhandenen Material nach **zusätzlichen Ideen** suchen. Deshalb habe ich Themen aufgenommen, die sich inhaltlich **an den Lehrplanthemen orientieren** (z. B. einen Steckbrief schreiben, eine Bastelanleitung schreiben usw.), dabei aber thematisch abwechslungsreich sind, damit das Material möglichst gewinnbringend für alle eingesetzt werden kann.

Alle Kopiervorlagen sind so angelegt, dass die Schüler damit **selbstständig** arbeiten können. Das ermöglicht einen Einsatz im Unterricht, aber auch im Projektunterricht oder bei der Wochenplan- bzw. Freiarbeit. Das Symbol der Sonne ☼ zeigt an, wo die Schüler in besonderer Weise ihr Wissen oder Können herausstellen können. Diese Aufgaben sind etwas anspruchsvoller und müssen nicht von allen Kindern bearbeitet werden. Zusätzlich bietet die **Lernwerkstatt Wald** aufgrund ihres Angebots für die Klassenstufen 1 bis 4 gewissermaßen immanent viele **Differenzierungsmöglichkeiten**.

Ich hoffe, Sie können die Materialien gewinnbringend in Ihrem Unterricht einsetzen, und wünsche Ihnen sowie Ihren Schülern viel Erfolg und Spaß damit!

[1] Wir sprechen hier wegen der besseren Lesbarkeit von Schülern in der verallgemeinerten Form. Selbstverständlich sind auch alle Schülerinnen gemeint.

Einsatzmöglichkeiten nach Klassenstufen

	1./2.Klasse	3. Klasse	4. Klasse
Wahrnehmung/Konzentration/Spiele			
Gruppen bilden	X		
Dinge im Wald zählen	X	X	
Was gehört nicht in den Wald?	X		
Wald-Mandala	X	X	X
Malen nach Zahlen	X	X	X
Verrückte Waldtiere	X	X	X
Blätterpuzzle		X	X
Paarspiel	X	X	
Spielideen für Bild-Wortkarten	X	X	X
Deutsch			
Im Wald (Eine Mindmap anlegen)	X	X	X
In den Wald! (Ein Gedicht verstehen)		X	X
Wald-Haiku (Ein Gedicht schreiben)	X	X	
Das Eichhörnchen (Ein Plakat gestalten)		X	X
Laubwald – Nadelwald – Mischwald (Stolperwörter in einem Text finden)	X	X	
Im Wald (Auszug aus Robin Hood lesen)		X	
Der Löwe und der Bär (Eine Fabel lesen)			X
Es war einmal … im Wald (Märchen erkennen)	X	X	X
Interview mit einem Förster (Fragen zuordnen – Leseverstehen)		X	X
Der Blättervogel (Eine Bastelanleitung lesen und umsetzen)		X	X
Die Kinder und der alte Baum (Eine Geschichte fortsetzen)	X	X	
Einladung zum Waldfest (Eine Einladung schreiben)	X	X	X
Waldtiere (Einen Steckbrief schreiben)		X	X
Kastanien sammeln (Wortarten unterscheiden)		X	X
Im Wald ist es schön – Schön ist es im Wald (Die Umstellprobe)			X
Wald-Suchsel	X	X	X
Mein Wald-ABC	X	X	X
Mathematik			
Mathebäume (Addition und Subtraktion)	X		
Zahlenspiele (Logik und Multiplikation)	X	X	
100 Kastanien (Arbeit mit der 100er-Tafel)	X		
Mühsam nährt sich das Eichhörnchen (Spiel)	X	X	
Pilzsuche (Addition und Subtraktion)		X	X
Tannenzapfen (Addition und Subtraktion)		X	
Beerensuche (Multiplikation)		X	X
Rechenblume (Addition, Subtraktion)	X	X	
Tannenbäume (Division)		X	X
Im Wald (Textaufgaben)		X	X

	1./2.Klasse	3. Klasse	4. Klasse
Sachunterricht			
Vom Samen zum Baum		X	X
Die Stockwerke des Waldes	X	X	X
Laub- und Nadelwälder in Deutschland		X	X
Laubbäume im Wald	X	X	X
Nadelbäume im Wald			X
Der Wald als Nutzwald		X	X
Die Fotosynthese: So lebt der Baum			X
Der Kuckuck		X	X
Das Eichhörnchen		X	X
Der Fuchs		X	X
Die Waldameise		X	X
Fressen und gefressen werden			X
Der Waldboden		X	X
Pilze		X	X
Der Regenwald			X
Englisch			
Forest domino	X	X	X
In the forest (Farbzuordnung)	X	X	X
Where is it? (Suchsel)		X	X
The tree in the hole (Lied)			X
Religion			
Gott und die Bäume		X	X
Der Baum – Symbol der Hoffnung			X
Welche Bäume kommen in der Bibel vor?		X	X
Der Baum der Erkenntnis	X	X	
Das Kreuz als Lebensbaum			X
Kunst			
Bäume aus Linien	X	X	
Mit Blättern drucken	X	X	X
Blättercollage		X	X
Blätterwindlicht			X
Musik			
Im Walde steht ein Haus	X		
Kuckuck, Kuckuck, ruft's aus dem Wald	X	X	
Bunt sind schon die Wälder		X	X
Interkulturelles Lernen			
Der Baum der Mehrsprachigkeit	X	X	X
Baumhäuser		X	X
Sukkot – Das Laubhüttenfest		X	X

Thematische Einheiten

Laubbäume im Wald

Blätterpuzzle (Konzentration, Wahrnehmung)

Vom Samen zum Baum (Sachunterricht)

Die Stockwerke des Waldes (Sachunterricht)

Laubbäume im Wald (Sachunterricht)

Die Fotosynthese: So lebt der Baum (Sachunterricht)

Der Regenwald (Sachunterricht)

Wald-Haiku – Ein Gedicht schreiben (Deutsch)

Der Blättervogel – Eine Bastelanleitung lesen und umsetzen (Deutsch)

Kastanien sammeln – Wortarten unterscheiden (Deutsch)

100 Eicheln – Arbeit mit der 100er-Tafel (Mathematik)

Mathebäume (Mathematik)

The tree in the hole (Englisch)

Welche Bäume kommen in der Bibel vor? (Religion)

Das Kreuz als Lebensbaum (Religion)

Mit Blättern drucken (Kunst)

Blättercollage (Kunst)

Blätterwindlicht (Kunst)

Bunt sind schon die Wälder (Musik)

Sukkot – Das Laubhüttenfest (Interkulturelles Lernen)

Tiere im Wald

Das Eichhörnchen – Ein Plakat gestalten (Deutsch)

Der Löwe und der Bär – Eine Fabel lesen (Deutsch)

Der Blättervogel – Eine Bastelanleitung lesen und umsetzen (Deutsch)

Waldtiere – Einen Steckbrief schreiben (Deutsch)

Mühsam nährt sich das Eichhörnchen – Spiel (Mathematik)

Der Kuckuck (Sachunterricht)

Das Eichhörnchen (Sachunterricht)

Der Fuchs (Sachunterricht)

Die Waldameise (Sachunterricht)

Fressen und gefressen werden (Sachunterricht)

Kuckuck, Kuckuck, ruft's aus dem Wald (Musik)

Verrückte Waldtiere (Wahrnehmung, Konzentration)

Waldfest

Einladung zum Waldfest – Eine Einladung schreiben (Deutsch)

Wald-Haiku – Ein Gedicht schreiben (Deutsch)

Der Blättervogel – Eine Bastelanleitung lesen und umsetzen (Deutsch)

Wald-Mandala (Wahrnehmung, Konzentration)

Blätterpuzzle (Wahrnehmung, Konzentration)

Paarspiel (Wahrnehmung, Konzentration)

Spielideen für Bild- und Wortkarten (Wahrnehmung, Konzentration)

Forest domino (Englisch)

The tree in the hole (Englisch)

Blätterwindlicht (Kunst)

Der Baum der Mehrsprachigkeit (Interkulturelles Lernen)

Gruppenpuzzle

Der Kuckuck (Sachunterricht)

Das Eichhörnchen (Sachunterricht)

Der Fuchs (Sachunterricht)

Die Waldameise (Sachunterricht)

Gruppen bilden

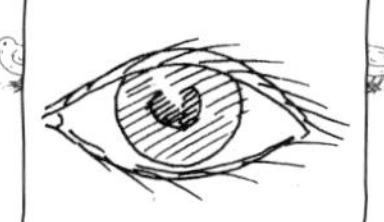

① **Zähle und kreise ein.**

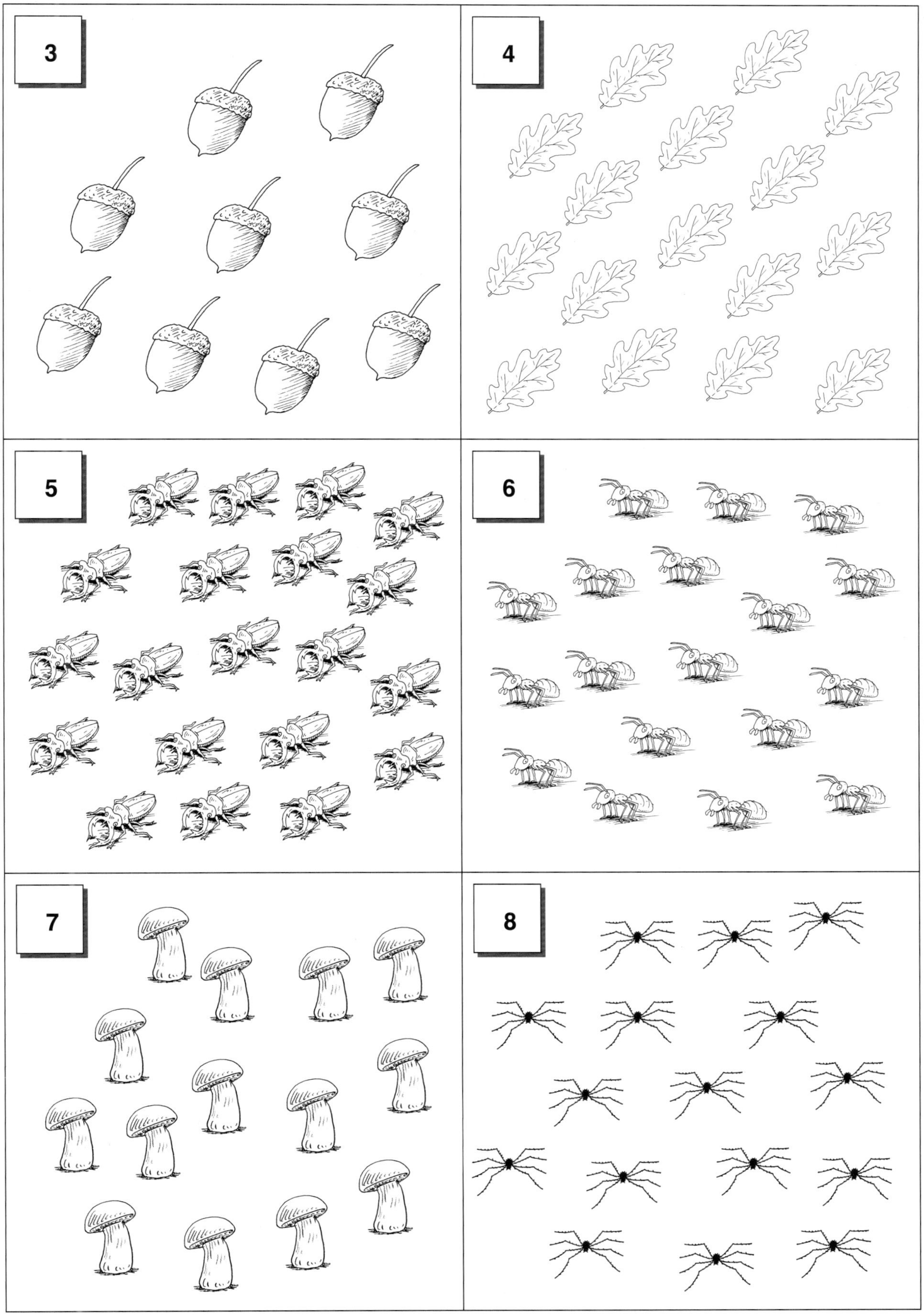

3	4
5	6
7	8

Dinge im Wald zählen

① **Zähle die Tiere. Benutze die Strichliste.**

I								

Ich sehe …

Auf dem Bild sind …

Ich zähle mehr als …

Es gibt viele …

Was gehört nicht in den Wald?

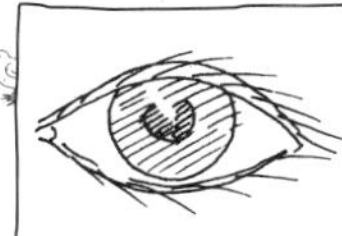

① **Was gehört nicht in den Wald? Streiche durch.**

Ich habe im Wald noch nie ein / eine … gesehen.

Im Wald gibt es keinen / keine / kein …

Das ist falsch.

Das stimmt nicht.

Wald-Mandala

① **Male das Wald-Mandala so aus, dass es dir gut gefällt.**

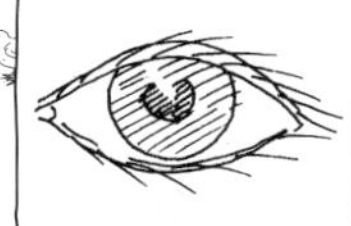

Malen nach Zahlen

① **Male das Bild passend aus.**

1 – dunkelgrün	2 – hellgrün	3 – braun	4 – orange	5 – gelb
6 – weiß	7 – blau	8 – grau	9 – rosa	10 – rot

Verrückte Waldtiere

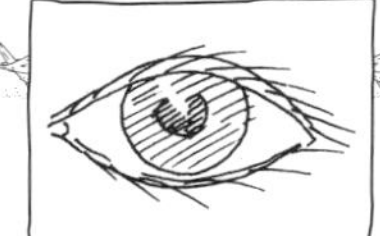

① Kreuze an, welche Tiere sich in dem Fantasietier verstecken.

② Wie heißt das Tier? Sprich mit einem Partner.

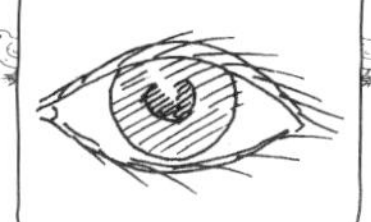

Blätterpuzzle

① Schneide die Puzzleteile aus.

② Lege die Puzzleteile richtig zusammen.

Der Ahorn	Die Eiche
Die Buche	Die Kastanie

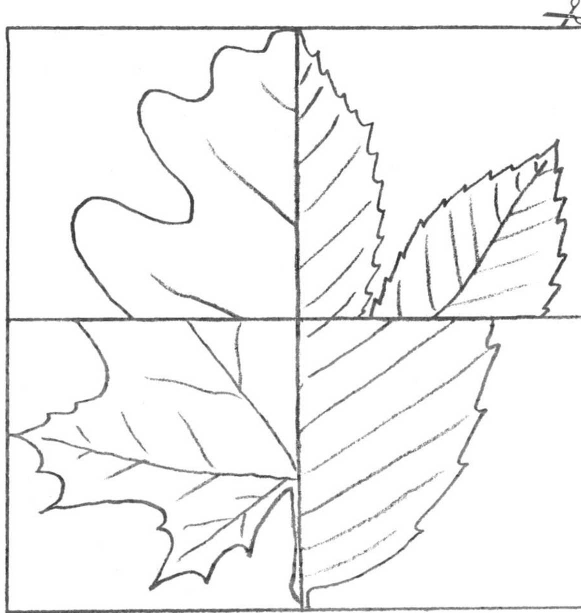

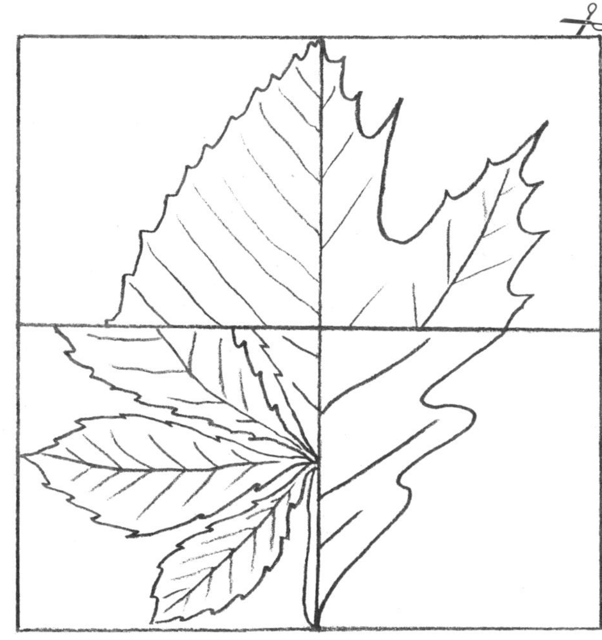

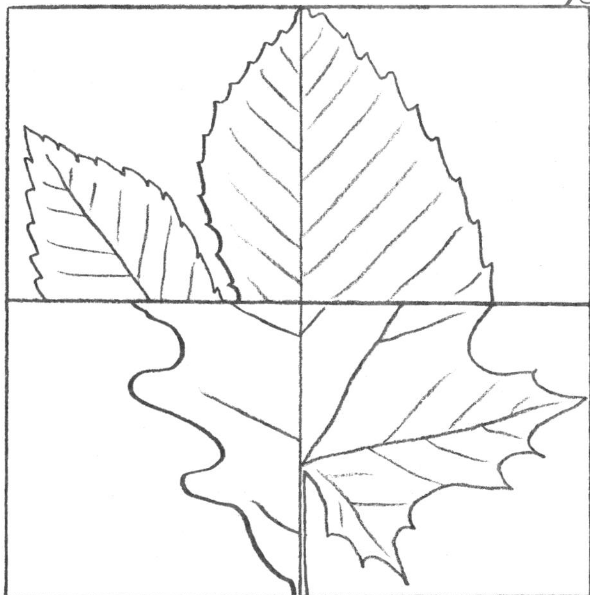

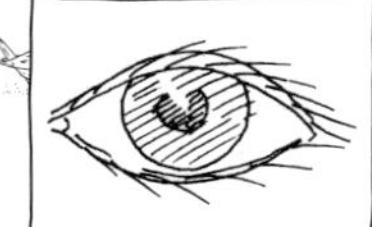

Paarspiel

① **Schneide die Karten aus.**

② **Ordne sie zu.**

		der Hirsch	das Reh
		der Fuchs	die Ameise
		das Eichhörnchen	der Igel
		das Wildschwein	der Dachs
		die Eule	der Specht
		der Laubbaum	der Nadelbaum
	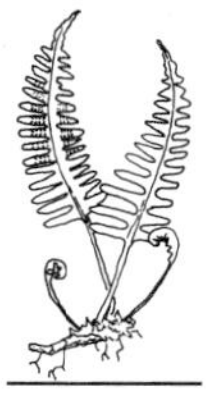	der Pilz	der Farn
		der Tannenzapfen	das Moos

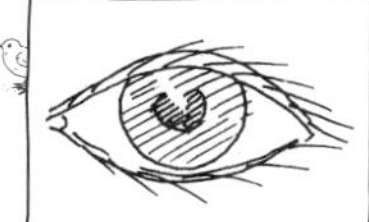

Spielideen für Bild- und Wortkarten

Mit Bild- und Wort-Karten können die Kinder spielerisch den Wortschatz rund um den Wald vertiefen. Hier finden sich einige Spielideen, die die Kinder nach einer Vorstellung selbstständig durchführen können. Es besteht immer auch die Möglichkeit, weitere Bild- und Wortkarten in die Sammlung aufzunehmen.

Sprich mir nach!

Ziel des Spiels: Wörter kennenlernen oder Wörter richtig aussprechen.

Die Kinder bilden einen Sitz- oder Stehkreis. Der Spielleiter wählt die erste Karte aus, sieht sie sich an und sagt, was auf der Karte zu sehen ist, bzw. liest das Wort vor. Dann reicht er die Karte nach rechts weiter.
Das Kind spricht das Wort nach und reicht die Karte weiter nach rechts. Jeder, der die Karte in die Hand nimmt, spricht das Wort nach.

Schwerer wird das Spiel, wenn Karten auch nach links weitergegeben werden. Die Karten können auch in einer schnellen Folge durch den Sitzkreis gereicht werden.

Waldlauf

Ziel des Spiels: Wörter üben

Vorbereitung: Für dieses Spiel werden vier oder fünf Bildmotive ausgewählt. Sie müssen so oft kopiert werden, dass jedes Kind eine Karte erhält.

Die Kinder bilden einen Sitzkreis. Jedes Kind erhält verdeckt eine Bildkarte. Der Spielleiter steht in der Mitte und ruft ein Motiv auf. Die Kinder, die diese Karte erhalten haben, müssen aufstehen und die Plätze tauschen.
In dieser Zeit versucht der Spielleiter, einen Sitzplatz zu bekommen.
Wer keinen Sitzplatz hat, ist in der nächsten Runde der Spielleiter.

Sagt der Spielleiter „Waldlauf“ müssen alle Kinder die Plätze tauschen.

Suchspiel

Ziel des Spiels: Wörter üben, Aufmerksamkeitstraining

Acht bis zehn Bildkarten werden nacheinander auf den Tisch gelegt und dabei wird das passende Wort gesagt. Gern können alle das Bild laut benennen. Die Kinder schauen sich einen Moment die Karten an.
Dann schließen sie die Augen.
In dieser Zeit entfernt der Spielleiter zwei oder drei Karten (oder tauscht sie gegen andere Bilder aus).
Wer erkennt zuerst, welche Karte fehlt oder ausgetauscht wurde?

Paarspiel

Ziel des Spiels: Wörter üben, Aufmerksamkeitstraining

Die Bild- und Wortkarten werden gemischt und so auf den Tisch gelegt, dass die Bilder und die Wörter nicht zu sehen sind. Kind 1 deckt zwei Karten auf. Passen das Bild und das Wort zusammen, darf es zwei neue Karten aufdecken. Passen das Bild und das Wort nicht zusammen, deckt Kind 2 zwei Karten auf. Wer sich gut merken kann, wo welche Karte liegt, wird schnell Paare finden.

Im Wald

① **Ergänze die Mindmap.**

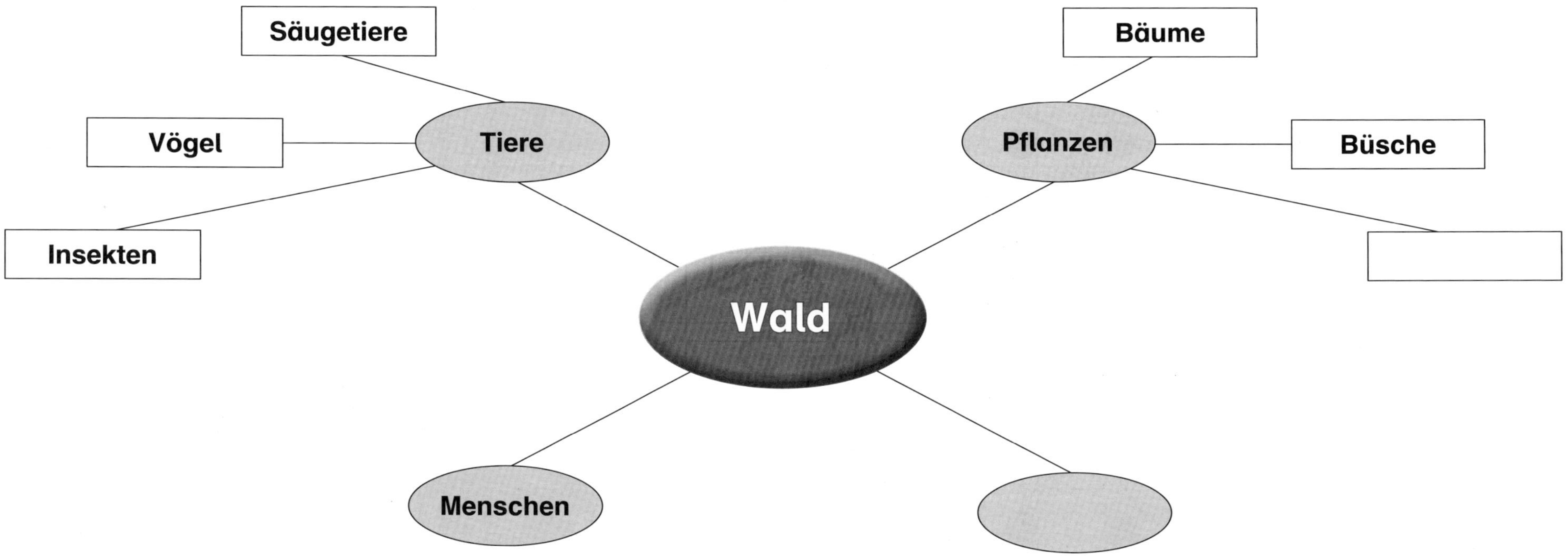

Wald

Tiere

Säugetiere

Vögel

Insekten

Pflanzen

Bäume

Büsche

Menschen

② **Vergleiche deine Mindmap mit einem Partner.**

ABC

In den Wald!

Lass uns geh'n hinaus in den Wald,
in den Wald, in den Wald,
Wo's so lieblich schallt,

Wo die frische Luft
Und der Laubesduft,

Wenn wir ruh'n und gehen,
Fächelnd uns umwehen.

Hinaus in den Wald, in den Wald,
Wo's so lieblich schallt!
Lass uns geh'n hinaus in den Wald,
in den Wald, in den Wald,
Wo's so lieblich schallt,

Wo im dunklen Grün
Rothe* Röslein blüh'n,

Wo die Vögel singen
Und die Hirsche springen.

Hinaus in den Wald, in den Wald,
Wo's so lieblich schallt!

(Hoffmann von Fallersleben, 1798–1874)

① **Lies das Gedicht.**

② **Was glaubst du, was fühlt der Dichter im Wald? Was riecht er? Was hört er? Was sieht er? Wie würdest du einen Waldbesuch beschreiben?**

③ **Wie musst du beim Vorlesen das Gedicht betonen, damit die Begeisterung des Dichters für den Wald deutlich wird? Probiere es aus. Übe mit einem Partner.**

* In früheren Zeiten wurde manchmal anders geschrieben, als wir es heute tun. Heute heißt es natürlich „Rote", nicht „Rothe".

Wald-Haiku

① **Lies die beiden Haikus.**

Rauschende Bäume
Vögel zwitschern munter hier.
Im Wald bin ich froh.

Einmalig ruhig
umgibt mich der Wunderwald
und verzaubert mich.

Ein Haiku ist eine japanische Gedichtform. In einem Haiku wird von einem Menschen und seinen Gefühlen für die Natur erzählt. Ein Haiku ist nach einem festen Muster aufgebaut.

Erkennst du das Muster?

② **Zeichne Silbenbögen unter die Verse der beiden Haikus.**

③ **Zähle die Anzahl der Silben in jedem Vers.**

Tipp: Eine Zeile in einem Gedicht nennt man Vers.

Haiku 1

Vers 1: _____

Vers 2: _____

Vers 3: _____

Haiku 2

Vers 1: _____

Vers 2: _____

Vers 3: _____

④ **Schreibe ein Haiku über den Wald.**

____

____

____

Das Eichhörnchen

① **Lies den Text.**

② **Ergänze das Plakat.**

Samuel will in der Schule einen Vortrag über Eichhörnchen halten.
Zunächst informiert er sich in Büchern und im Internet
über das Eichhörnchen.
Für seinen Vortrag gestaltet er ein Plakat,
damit die Zuhörer alles besser verstehen.
Auf dem Plakat trägt er wichtige Fakten zusammen.

- Eichhörnchen haben ein rotbraunes Fell.
- Eichhörnchen haben scharfe Zähne.
- Eichhörnchen haben einen langen, buschigen Schwanz.
- Eichhörnchen haben scharfe Krallen.
- Eichhörnchen fressen Eicheln, Nüsse und Vogeleier.
- Eichhörnchen bauen Nester. Diese Nester nennt man Kobel.

Samuels Vortrag gefällt seinen Mitschülern gut.
Ihm hat die Arbeit Spaß gemacht.
Samuel ist jetzt ein Eichhörnchen-Experte.

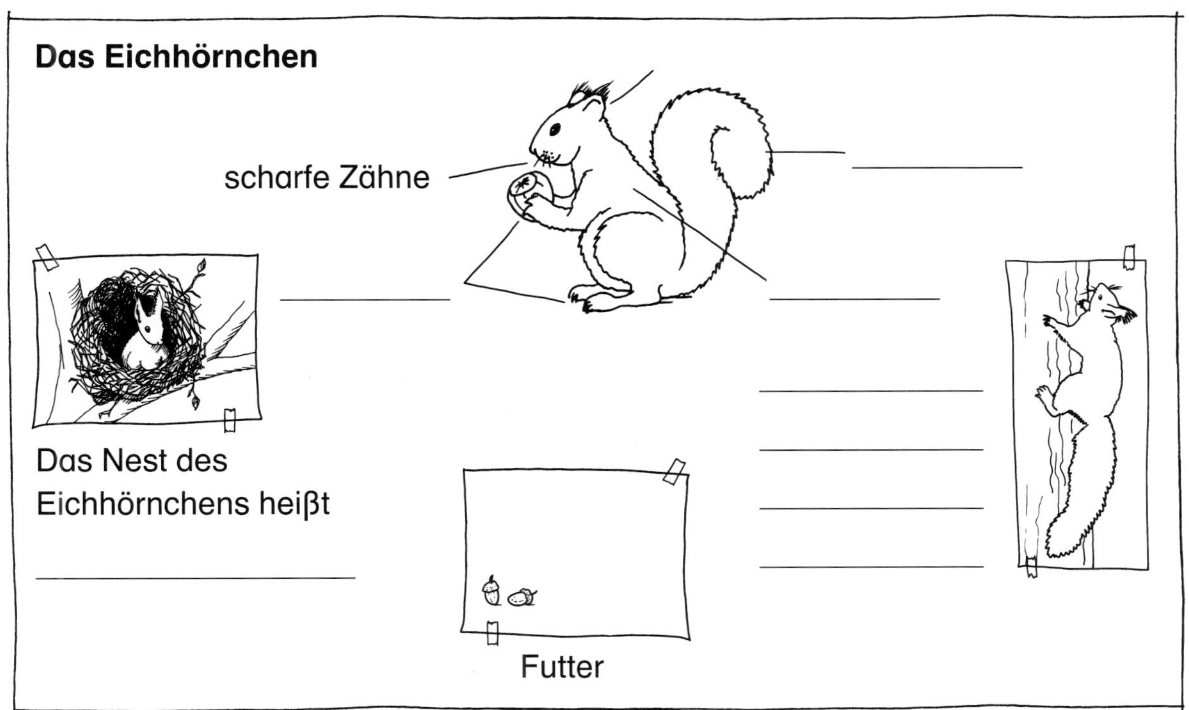

Laubwald – Nadelwald – Mischwald

① **Lies den Text.**
In jedem Satz ist ein Wort, das dort nicht hingehört. Kreise es ein.

Laubbäume sind leicht zu wusstest erkennen.

Laubbäume haben du weiche, glatte Blätter.

Die Blätter verfärben sich im Herbst schon und fallen ab.

In Wäldern stehen oft Buchen und dass Eichen.

Die Blätter der Nadelbäume nennt man ungefähr Nadeln.

Sie sind das ganze Jahr grün und fünfundsiebzig oft sehr dünn und hart.

Im Gegensatz zu den Blättern der Prozent Laubbäume fallen die Nadeln nicht im Herbst ab.

Eine Ausnahme bildet die Lärche mit ihren weichen der Nadeln.

Sie verfärben sich deutschen im Herbst gelb und fallen dann auch ab.

Bekannte Nadelbäume in Deutschland sind Wälder die Fichte und die Tanne.

In einem Mischwald kommen Laubbäume und Nadelbäume gemeinsam Mischwälder vor.

Es gibt aber auch Laubmischwälder oder sind Nadelmischwälder.

② **Lies die Stolperwörter nacheinander.**
Wie heißt der Lösungssatz?

____

____

③ **Lies den Text noch einmal ohne die Stolperwörter.**
Kreuze dann die passende Aussage an.

	richtig	**falsch**	**steht nicht im Text**
Laubbäume haben weiche, glatte Blätter.			
Der Apfelbaum zählt zu den Laubbäumen.			
Die Lärche verliert im Herbst ihre Nadeln.			
Fichte und Tanne zählen zu den Laubbäumen.			
Nadelbäume und Laubbäume stehen niemals gemischt in einem Wald.			

Im Wald (1)

Hochsommerliche Hitze lag über dem Walde von Barnesdale. Unter dem weit verzweigten Geäst der dicht belaubten Eichen und Kastanien dämmerten tiefe, kühle Schatten, in denen die goldenen Kringel der Sonnenstrahlen flimmerten, die durch das Geflecht der Blätter drangen.

Ein schmaler, kaum wahrnehmbarer Pfad wand sich zwischen den Baumstämmen hindurch gen Norden; hier und da verschwand er im Dickicht des Unterholzes und der Rankengewächse, unter den Haselsträuchern und Kornelkirschen. Wo immer das Gebüsch ein wenig zurückwich, tummelten sich im Gras die Kaninchen, die ihre Löcher und Höhlen unter den Wurzeln der mächtigen Bäume gegraben hatten. In der Stille dieser heißen Mittagsstunde hörte man nichts als das Summen unzähliger Insekten, irgendwo in der Ferne den Ruf eines einsamen Kuckucks und das leise Rascheln der durch das Gebüsch huschenden Tiere.

Doch plötzlich unterbrach der Warnruf eines Hähers den tiefen Frieden des Waldes, rasch kletterte ein Eichhörnchen den dicken Stamm einer Buche empor, hielt inne, blickte durch die Zweige noch einmal hinunter und schimpfte empört, ehe es verschwand. Schnell wie der Blitz schlüpften die herumhoppelnden Kaninchen in ihre Höhlen, und der kleine Pfad lag einsam und verlassen. Doch nicht lange.

Zwischen den Baumstämmen kam ein Mann daher auf diesem Pfad, den jahraus, jahrein sonst nur die Tiere des Waldes, der wilde Eber oder die Hindin* mit ihren Jungen entlangzog. So kühn und frei schritt er aus, als sei er einer der königlichen Waldhüter, doch war er das keineswegs, …

(Auszug aus: Robin Hood [Seite 7] von Rosemary Sutcliff © Verlag Freies Geistesleben, Stuttgart)

*altes Wort für Hirschkuh

① **Lies den Text.**

② **Ordne, was es im Wald zu sehen und zu hören gibt.**
Lege dafür eine Tabelle an.

Pflanzen	Tiere	Lichtverhältnisse	Geräusche
		tiefe Schatten	

③ ☼ **Wie könnte die Erzählung weitergehen?**
Schreibe eine Fortsetzungsgeschichte.

ABC

Im Wald (2)

① Lies den Text „Im Wald“.

② Was fühlt, sieht und hört der Erzähler im Wald?
Notiere passende Wörter aus dem Text im Baum.

③ ☼ Was fühlst, riechst, siehst und hörst du im Wald?
Ergänze die Wörtersammlung in einer anderen Farbe.

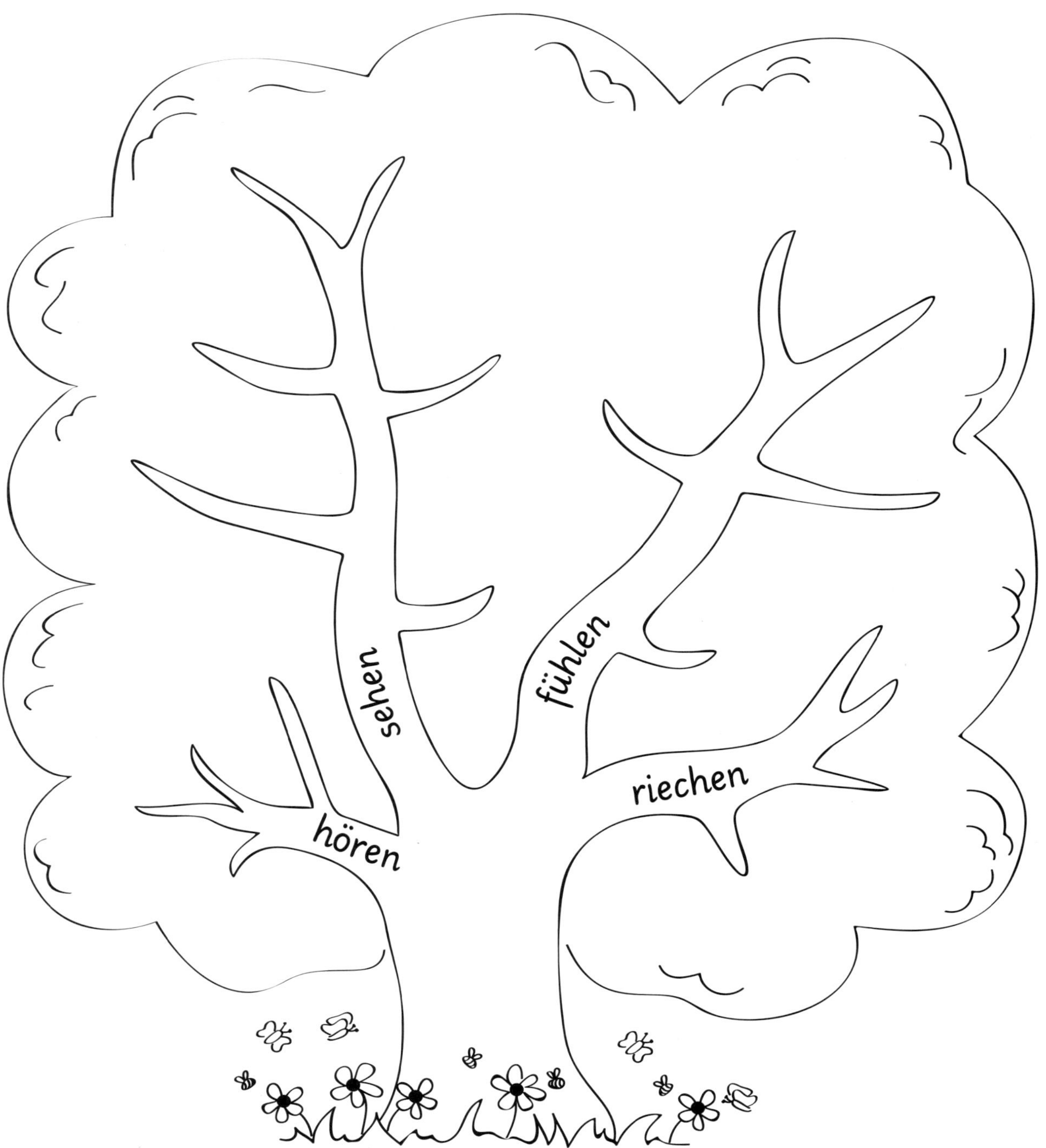

Der Löwe und der Bär

① **Lies die Fabel.**

Ein Fuchs war einmal auf Jagd gegangen, um sein Abendessen zu jagen.
Er war noch nicht lange unterwegs, als er ein lautes Streiten hörte.

Als er näher kam, sah er, wie ein Bär mit seinen Tatzen nach einem Löwen schlug.
Der Bär fauchte den Löwen wütend an:
„Ich war zuerst beim Hirschkalb. Die Beute gehört mir.
Ich habe das Hirschkalb gejagt."

„Nein!", brüllte der Löwe zornig zurück. „Du lügst!
Ich war als Erster hier und die Beute gehört mir."
Er schnappte mit seinen scharfen Zähnen nach dem Bären.

Der Löwe und der Bär kämpften verbissen miteinander.
Der Fuchs sah sich den Kampf der beiden an.
Die Zeit verging und es schien keinen Sieger zu geben.
Der Fuchs musste sich zusammenreißen, nicht zum Hirschkalb zu laufen.
Er hatte großen Hunger und die Beute sah verlockend aus.
Aber er dachte sich: „Ich muss geduldig sein.
Wenn Löwe und Bär noch länger kämpfen,
werden sie müde. Dann werden sie sich nicht wehren können,
wenn ich mir die Beute schnappe."

So wartete der Fuchs geduldig.
Als der Bär und der Löwe nach ihrem langen Kampf
endlich kraftlos zusammenbrachen,
waren sie tatsächlich nicht mehr in der Lage, sich zu rühren.
Das war die Gelegenheit, auf die der Fuchs gewartet hatte.
Ruhig ging er an den beiden vorbei und holte sich die Beute.
„Danke, meine Herren, sehr freundlich", sagte er lachend
und zog mit dem Hirschkalb ab.

② **Überlege, welche Lehre zu dieser Fabel passt.**

☐	☐	☐
Wer einmal lügt, dem glaubt man nicht.	Wenn zwei sich streiten, freut sich der Dritte.	Was du heute kannst besorgen, das verschiebe nicht auf morgen.

③ **Sprich mit einem Partner darüber, welches Bild am besten zur Fabel passt. Begründe deine Meinung.**

Es war einmal ... im Wald

① **Sieh dir das Bild mit einem Partner an. Welche Märchen erkennt ihr?**

② **Sprich mit deinem Partner darüber, welche Bedeutung der Wald in dem Märchen hat. Notiert eure Überlegungen in der Tabelle.**

Märchen	Bedeutung des Waldes im Märchen
Rotkäppchen	Heimat des Wolfes; hier treffen sich Rotkäppchen und der Wolf; im Wald steht das Wohnhaus der Großmutter

Interview mit einem Förster

① **Lies zuerst die Fragen an den Förster.**

② **Ordne sie dann den Antworten zu.**
Wenn du die Fragen richtig zuordnest, erhältst du das Lösungswort.

D Welche Aufgaben hat ein Förster?
R Arbeitet ein Förster nur im Wald?
Ä Sind alle Förster auch Jäger?
L Wieso sprayt ein Förster die Bäume im Wald an?
W Wie wird man Förster?
E Was muss ein Förster im Wald dabeihaben?

☐ Förster ist nicht gleich Förster. Grundsätzlich aber gilt: Wer Förster in einem öffentlichen Wald werden will, muss studieren. Deshalb muss man vorher das Fachabitur oder das Abitur machen. Es gibt verschiedene Studiengänge, z. B. Forst- und Holzwirtschaft oder Forstwissenschaft, die alle zum Ziel führen. Die Ausbildung ist sehr vielfältig und am Ende des Studiums gibt es verschiedene Arbeitsmöglichkeiten.

☐ Ein Förster muss sich auch um die im Wald lebenden Tiere kümmern. Kranke Tiere müssen manchmal geschossen werden. Aber nicht jeder Förster muss ein Jäger sein, auch wenn viele von ihnen Jäger sind.

☐ Waldarbeiten werden vom Förster ebenso organisiert wie die Wildpflege. Markierungen an den Bäumen sagen etwas darüber aus, ob ein Baum gefällt oder beschnitten werden soll. Die Markierung ist nicht festgelegt, aber sie dient immer dazu, zu sagen, wie ein Baum behandelt werden soll.

☐ Die Aufgaben eines Försters sind sehr vielfältig. Er kümmert sich um das Anpflanzen und Fällen von Bäumen, er passt auf, dass das Wild nicht die Bäume beschädigt und dass die Waldwege in Ordnung sind. Er muss dafür sorgen, dass die Menschen den Wald als Erholungsraum nutzen können.

☐ Ein Förster lebt nach dem Motto: Es gibt kein schlechtes Wetter, nur schlechte Kleidung. Deshalb muss ein Förster im Wald immer die passende Kleidung dabeihaben. Neben der passenden Kleidung gehört heutzutage aber auch das Handy zur Ausstattung eines Försters und manchmal der Laptop, um direkt vor Ort Eintragungen vornehmen zu können. Häufig hat ein Förster eine Spraydose zum Markieren der Bäume dabei. Eine Landkarte und ein Kompass gehören ebenso zu seiner Ausrüstung.

☐ Ein Förster arbeitet häufig für ein Forstamt. Deshalb gehören Besprechungen mit Vorgesetzten und Behörden zu seinen Aufgaben. Diese finden nicht im Wald statt, sondern in einem Büro. Auch das Planen und Organisieren findet oft am Schreibtisch statt. Ein Förster arbeitet also nicht immer nur im Wald.

Der Blättervogel

① **Lies die einzelnen Arbeitsschritte.**
Nummeriere sie in der richtigen Reihenfolge.

Das brauchst du:
verschiedene Blätter
Tonkarton in zwei Farben, eine davon weiß
Locher
schwarzen Filzstift
Faden (zum Aufhängen)

Das machst du:

- [ ] Den Schnabel malst du nach dem Aufkleben der Augen mit dem Filzstift auf.
- [ ] Mit dem Locher stanzt du oben ein Loch aus. Wichtig: Du stanzt durch die beiden zusammengeklebten Ovale. Anschließend ziehst du durch dieses Loch einen Faden zum Aufhängen.
- [ ] Drehe das Oval mit dem Bauch um und klebe auf der Rückseite zwei große Blätter als Flügel an, also ein Blatt links und ein Blatt rechts außen. Zwei kleine Blätter klebst du unten als Füße an.
- [1] Schneide zuerst für den Körper zwei gleich große Ovale aus dem Tonkarton.
- [ ] Wenn der Vogelkörper mit dem Bauch, den Flügeln und den Füßen fertig geklebt ist, stanzt du aus dem weißen Karton zwei Kreise für die Augen. Diese klebst du auf und malst schwarze Kreise hinein.
- [ ] Auf die Flügel klebst du das zweite Oval, sodass die Blätter von hinten nicht mehr zu sehen sind. Sie ragen nur noch als Flügel und als Füße heraus.
- [ ] Zum Schluss klebst du ein kleines Blatt als Haarschopf über das Loch mit dem Faden. Fertig!
- [ ] Klebe dann ein Blatt als Bauch auf das eine Oval aus Tonkarton. Das Blatt sollte etwas weiter unten aufgeklebt werden.

② **Sammle Blätter und bastele dir einen Blättervogel.**

Die Kinder und der alte Baum

① **Lies den Anfang der Geschichte.**

Marek, Anne und Leon rannten los. Wer wohl als Erstes an der alten Eiche ankommen würde? Die alte Eiche stand am Rande des kleinen Wäldchens und sie war immer der erste Treffpunkt der Kinder, bevor diese gemeinsam im Wald zum Spielen verschwanden. Die Eiche stand ein wenig weiter weg von den anderen Bäumen und war wohl auch deshalb etwas größer als die anderen. Was der alte Baum wohl alles erzählen könnte? Würde die alte Eiche vielleicht davon berichten, dass meistens Leon voll Freude am Stamm anschlug und laut rief: „Gewonnen! Ich bin Erster!" Oder würde die Eiche eine ganz andere Geschichte erzählen – eine von anderen Kindern oder aus längst vergangener Zeit?

② **Sprich mit einem Partner darüber, was ein Baum alles erlebt haben könnte.**

③ **Überlegt euch, wie die Geschichte weitergehen könnte.**
Macht euch dabei Notizen auf einen Zettel oder im Heft.
Achtet dabei auf die Tipps.

Tipps für Geschichtenerzähler

- Passt die Fortsetzung zum Anfang der Geschichte?
- Ist die Geschichte spannend?
- Ist die Geschichte realistisch?
- Enthält die Geschichte wörtliche Rede?
- Sind die Satzanfänge abwechslungsreich?
- Werden Adjektive und spannende Wörter verwendet, damit die Geschichte noch ein bisschen interessanter wird?

④ **Schreibt eine Geschichte, die zum Anfang des Textes passt.**

⑤ **Lest eure Geschichte anderen Kindern vor.**
Sprecht darüber: Was ist schon gut gelungen?
Was könnte noch besser gemacht werden?

Einladung zum Waldfest

① **Lies die Einladung.**

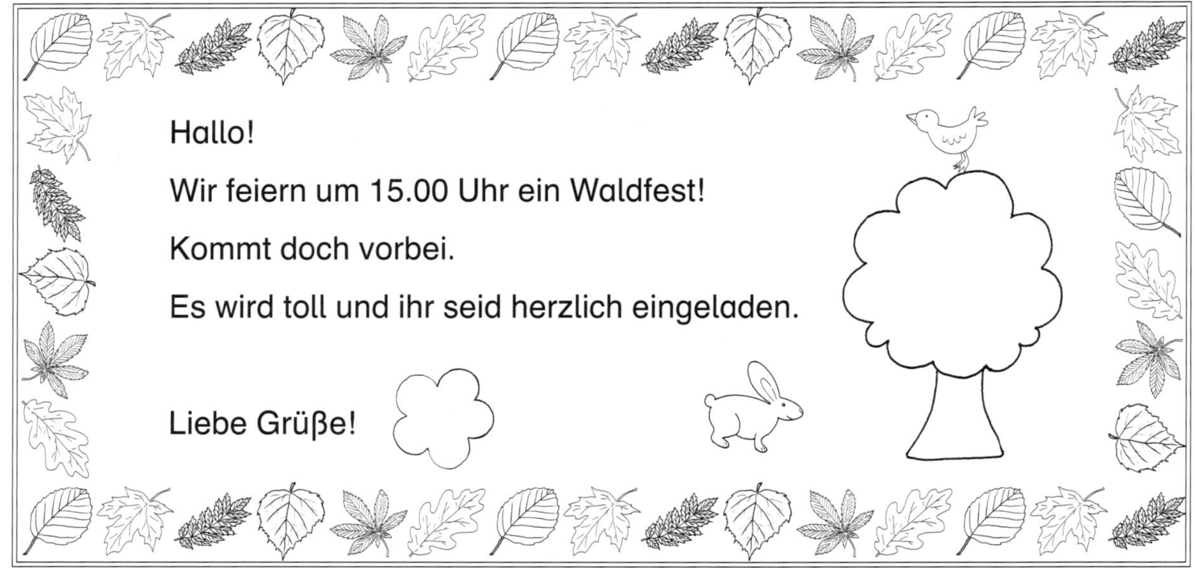

Hallo!

Wir feiern um 15.00 Uhr ein Waldfest!

Kommt doch vorbei.

Es wird toll und ihr seid herzlich eingeladen.

Liebe Grüße!

② **Welche Informationen findest du in der Einladung? Welche fehlen? Kreuze an.**

③ **Schreibe die Angaben auf. Wenn Angaben fehlen, denke sie dir aus und schreibe sie dazu.**

	Das steht in der Einladung.	Das fehlt in der Einladung.
Wer wird eingeladen?	☐ ____	☐ ____
Was wird gefeiert?	☐ ____	☐ ____
An welchem Tag wird gefeiert?	☐ ____	☐ ____
Um wie viel Uhr wird gefeiert?	☐ ____	☐ ____
Wo wird gefeiert?	☐ ____	☐ ____
Wer lädt ein?	☐ ____	☐ ____

④ **Schreibe die Einladung so auf, dass alle Angaben vollständig sind.**

Waldtiere

① **Wähle ein Waldtier aus, das dich besonders interessiert.**

② **Recherchiere in Sachbüchern und im Internet (z. B. bei www.blindekuh.de oder www.fragfinn.de).**

③ **Fülle den Steckbrief aus. Male dazu ein passendes Bild oder verwende Fotos.**

Name: ______________________________

Aussehen: ______________________________

____

____

____

Nahrung: ______________________________

____

Lebensraum: ______________________________

____

Feinde: ______________________________

____

Besonderheiten: ______________________________

____

____

Kastanien sammeln

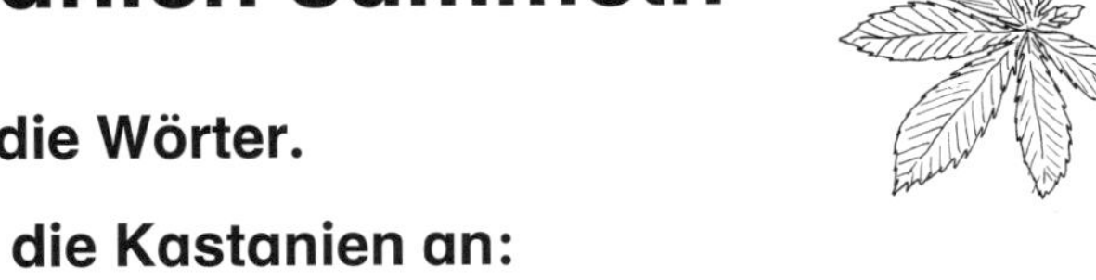

① **Lies die Wörter.**

② **Male die Kastanien an:**

Nomen = blau   Verben = rot   Adjektive = grün

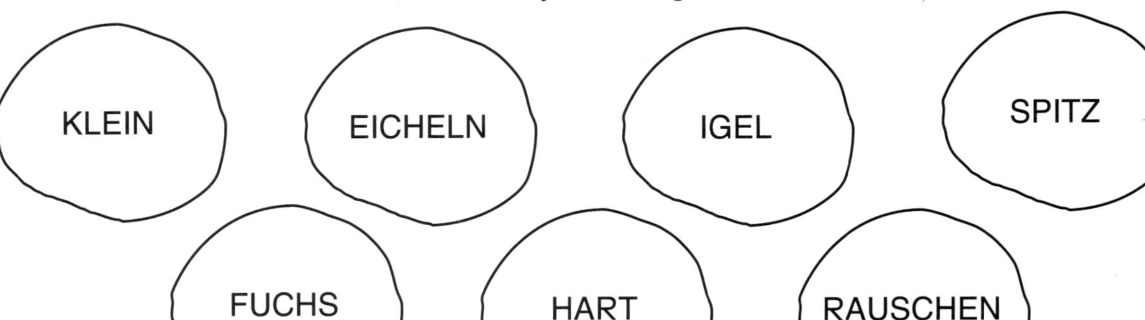

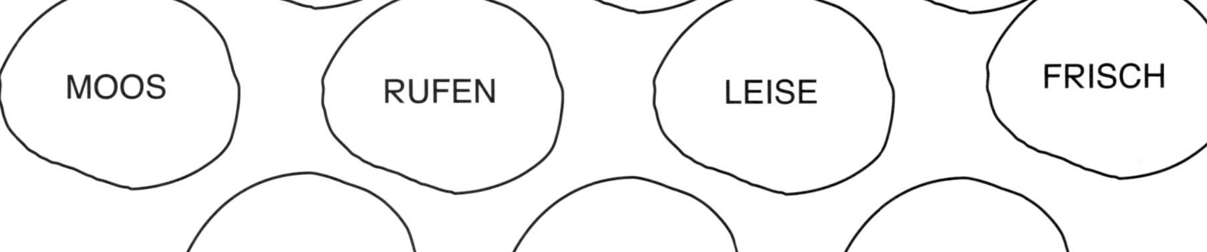

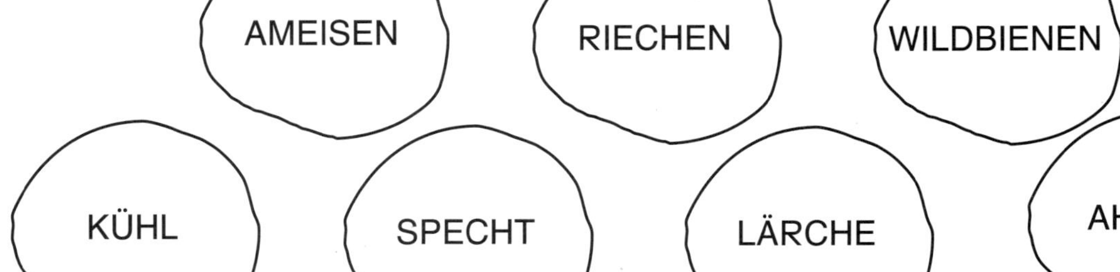

KÜHL   SPECHT   LÄRCHE   AHORN

③ **Ordne die Wörter in einer Tabelle.**

Nomen (Namenwörter)	**Verben** (Tunwörter)	**Adjektive** (Wiewörter)
		klein

Im Wald ist es schön – Schön ist es im Wald

① **Lies diesen Text einem anderen Kind vor.**
Was fällt dir auf?

Waldspaziergang

Im Wald ist es schön.

Im Wald hört man keinen Motorenlärm.

Im Wald ist die Luft meistens frisch und riecht gut.

Im Wald gibt es viel zu entdecken.

Im Wald leben viele verschiedene Tiere.

Im Wald wachsen auch viele verschiedene Pflanzen.

Im Wald bin ich sehr gern.

② **Wie könntest du den Text verbessern?**

③ **Stelle die Sätze um.**
Beginne den Satz jeweils mit dem unterstrichenen Satzglied.

Waldspaziergang

Im Wald ______________________

____

____

____

____

____

____

____

④ **Lies deinen neu geschriebenen Text einem anderen Kind vor.**
Was fällt dir jetzt auf?

Wald-Suchsel

① **Findest du die 17 Waldwörter? Kreise sie ein.**

A	H	N	K	A	K	O	E	I	C	H	E	T
B	I	O	Ü	B	L	P	I	L	Z	E	U	A
Ü	K	H	H	Ä	M	R	C	D	L	S	Ö	N
D	W	I	L	D	S	C	H	W	E	I	N	N
A	L	R	S	D	P	S	H	E	M	T	A	E
H	M	S	T	C	E	T	Ö	F	N	F	B	N
O	F	C	W	E	C	U	R	U	H	I	G	Z
R	E	H	Ö	F	H	W	N	G	P	C	F	A
N	U	P	M	G	T	A	C	Ü	O	H	A	P
E	C	Ä	O	H	N	B	H	K	R	T	R	F
F	H	R	O	I	A	M	E	I	S	E	N	E
H	T	U	S	G	R	Ü	N	E	U	L	E	N

② **Ordne die Wörter in einer Tabelle in deinem Heft.**

Waldtiere	Waldgewächse	Wie es sich im Wald anfühlt oder wie es dort aussieht
		kühl

③ **Schreibe mit jedem Wort aus dem Suchsel einen Satz.**

Im Sommer ist es im Wald schön kühl.

Mein Wald-ABC

Mit der ABC-Methode kannst du allein oder in der Gruppe dein Wissen wiederholen.

Notiere dafür zunächst zu jedem Buchstaben einen Begriff oder Satz, der mit dem Thema zu tun hat. Anschließend wird in der Gruppe verglichen.

Am besten werden dafür die Aussagen nach und nach zu einem Buchstaben vorgelesen. Treten dabei Fragen oder Ergänzungen auf, werden diese sofort in der Gruppe besprochen.

① **Wähle ein Thema aus und wende dann die ABC-Methode an:**

Im Wald | **Tiere im Wald** | **Pflanzen im Wald**

A ____________________

B ____________________

C ____________________

D ____________________

E ____________________

F ____________________

G ____________________

H ____________________

I ____________________

J ____________________

K ____________________

L ____________________

M ____________________

N ____________________

O ____________________

P ____________________

Qu ____________________

R ____________________

S ____________________

T ____________________

U ____________________

V ____________________

W ____________________

X ____________________

Y ____________________

Z ____________________

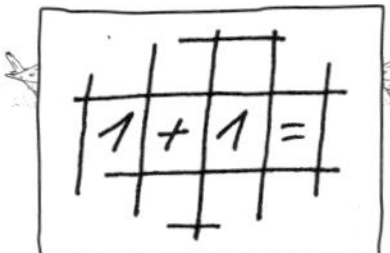

Mathebäume (1)

① **Welche Zahlen fehlen hier? Ergänze.**

+ 6

4	
7	
3	
5	

+ 8

8	
1	
6	
4	

+ 5

9	
7	
6	
8	

– 4

8	
10	
20	
15	

– 9

12	
19	
13	
9	

– 7

18	
13	
9	
20	

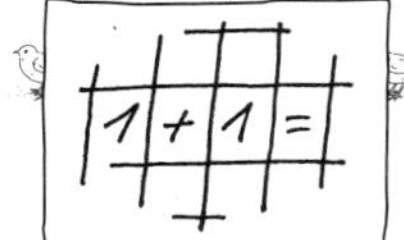

Mathebäume (2)

① **Welche Zahlen fehlen hier? Ergänze.**

+ 16	
4	
7	
3	
5	

+ 28	
8	
1	
6	
4	

+ 15	
9	
7	
6	
8	

– 24	
36	
50	
100	
28	

– 39	
60	
83	
59	
78	

– 57	
58	
73	
69	
90	

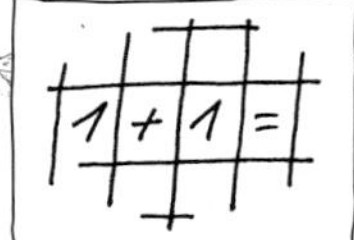

Zahlenspiele

① **Welche Zahlen fehlen in jeder Reihe? Ergänze.**

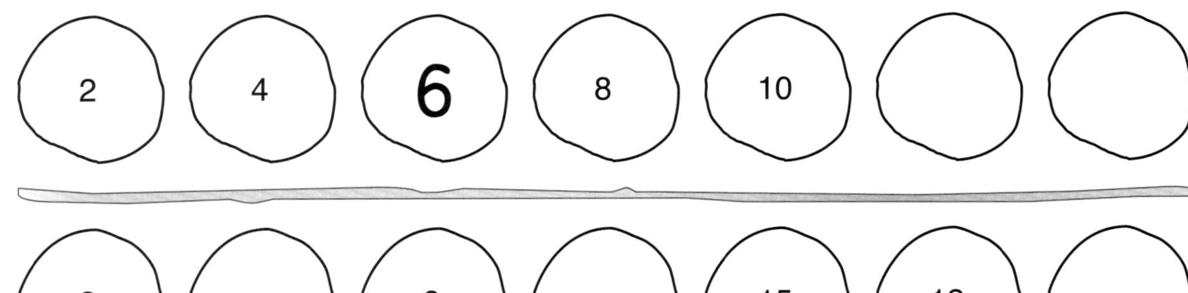

2	4	6	8	10		
3		9		15	18	

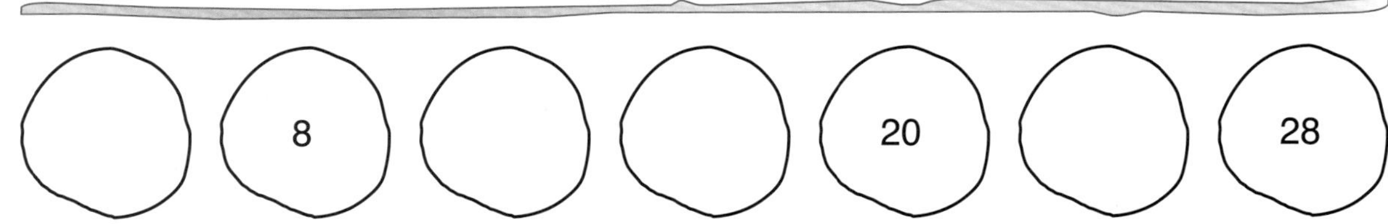

	8			20		28

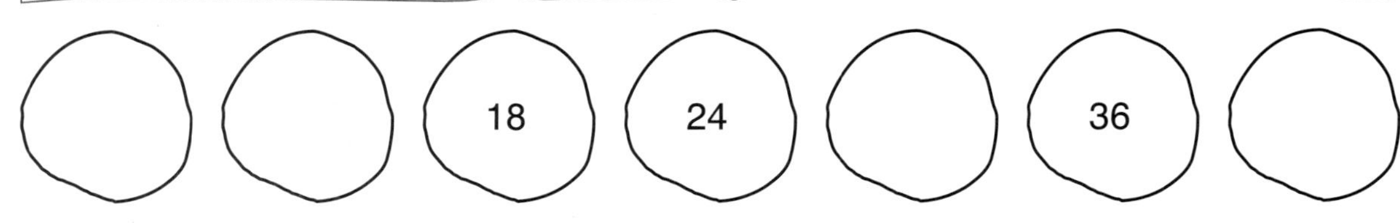

		18	24		36	

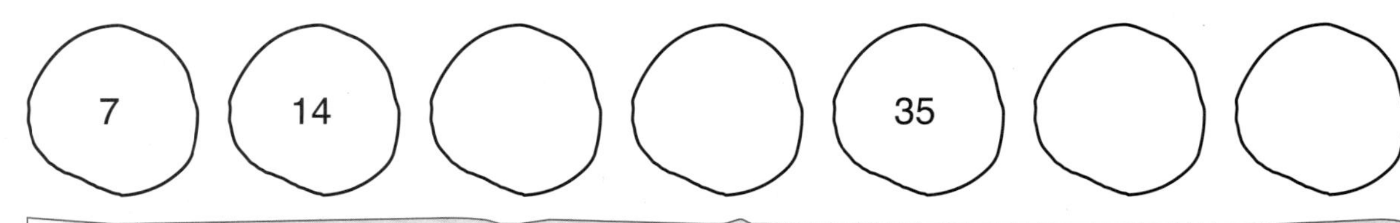

7	14			35		

② **Löse die Aufgaben. Ordne die Ergebnisse der Größe nach.**
Wie heißt das Lösungswort?

9 · 3 = ________	N	7 · 4 = ________	I	6 · 6 = ________	E
6 · 4 = ________	A	5 · 9 = ________	U	8 · 9 = ________	M
5 · 8 = ________	B	4 · 3 = ________	K	3 · 5 = ________	A
2 · 9 = ________	S	3 · 7 = ________	T	7 · 6 = ________	A

Ergebnis												
Buchstabe								N				

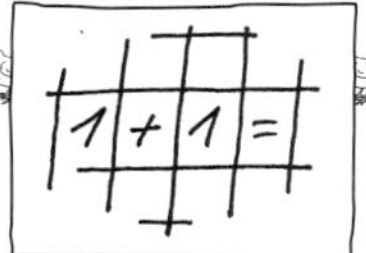

100 Eicheln

1	2	3	4	5	6	7	8	9	10
11	12	13	14	15	16	17	18	19	20
21	22	23	24	25	26	27	28	29	30
31	32	33	34	35	36	37	38	39	40
41	42	43	44	45	46	47	48	49	50
51	52	53	54	55	56	57	58	59	60
61	62	63	64	65	66	67	68	69	70
71	72	73	74	75	76	77	78	79	80
81	82	83	84	85	86	87	88	89	90
91	92	93	94	95	96	97	98	99	100

① **Welche Zahl fehlt hier?**

32 → 33 ↓ 43 → 44 → 45 ↓ ___

58 ↑ 48 ↑ 38 ← 37 ↑ 27 → ___

12 ↓ ___ → 23 → ___ → ___ ↑ 15

② **Trage die Zahl ein.**

81 → → → ___

44 ↑ ↑ ↑ ___

58 ← ← ↓ ↓ ___

99 ↑ ↑ ← ← ___

18 ↓ ↓ ← ← ↑ ___

36 ↓ ↓ → ↑ ↑ ← ___

20 ↓ ↓ ← ___

57 ← ↑ → ___

28 ↓ → ↓ → ___

100 ↑ ← ↑ ← ___

7 → ↓ ↓ ← ↑ ___

61 ← ← ↑ ↑ ↓ ← ___

Mühsam nährt sich das Eichhörnchen

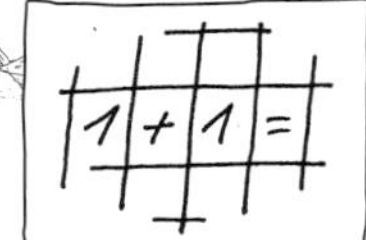

Spielidee

Wer hat zuerst alle Nüsse gesammelt?

ein Spiel für vier Kinder

Spielmaterial

- Spielplan

  Hinweis für die Lehrkraft:
  Der Spielplan liegt als Blankospielplan vor, damit er mehrfach eingesetzt werden kann.
  Die Nüsse müssen vor Spielbeginn mit den Zahlen (Addition: 2–12 / Multiplikation: Auswahl der Zahlen 1, 2, 3, 4, 5, 6, 8, 9, 10, 12, 15, 16, 18, 20, 24, 25, 30, 36) „gefüllt" werden.
- zwei Würfel
- vier Buntstifte in verschiedenen Farben (für jedes Kind eine Farbe)

Spielverlauf für die Addition

Jedes Kind wählt sich eine Nusssammlung und einen Buntstift aus.

Abwechselnd wird immer mit zwei Würfeln gewürfelt.

Die Anzahl der Augen auf beiden Würfeln wird nach jedem Wurf zusammengezählt und die Nuss, auf der das Ergebnis steht, ausgemalt.

Welchem Kind gelingt es, zuerst alle Nüsse auszumalen?

Wird ein Ergebnis ein zweites Mal erwürfelt bzw. errechnet, müssen die Würfel weitergereicht werden.

Spielverlauf für die Multiplikation

Jedes Kind wählt sich eine Nusssammlung und einen Buntstift aus.

Abwechselnd wird immer mit zwei Würfeln gewürfelt.

Die Anzahl der Augen auf beiden Würfeln wird nach jedem Wurf multipliziert und die Nuss, auf der das Ergebnis steht, ausgemalt.

Welchem Kind gelingt es, zuerst alle Nüsse auszumalen?

Wird ein Ergebnis ein zweites Mal erwürfelt bzw. errechnet, müssen die Würfel weitergereicht werden.

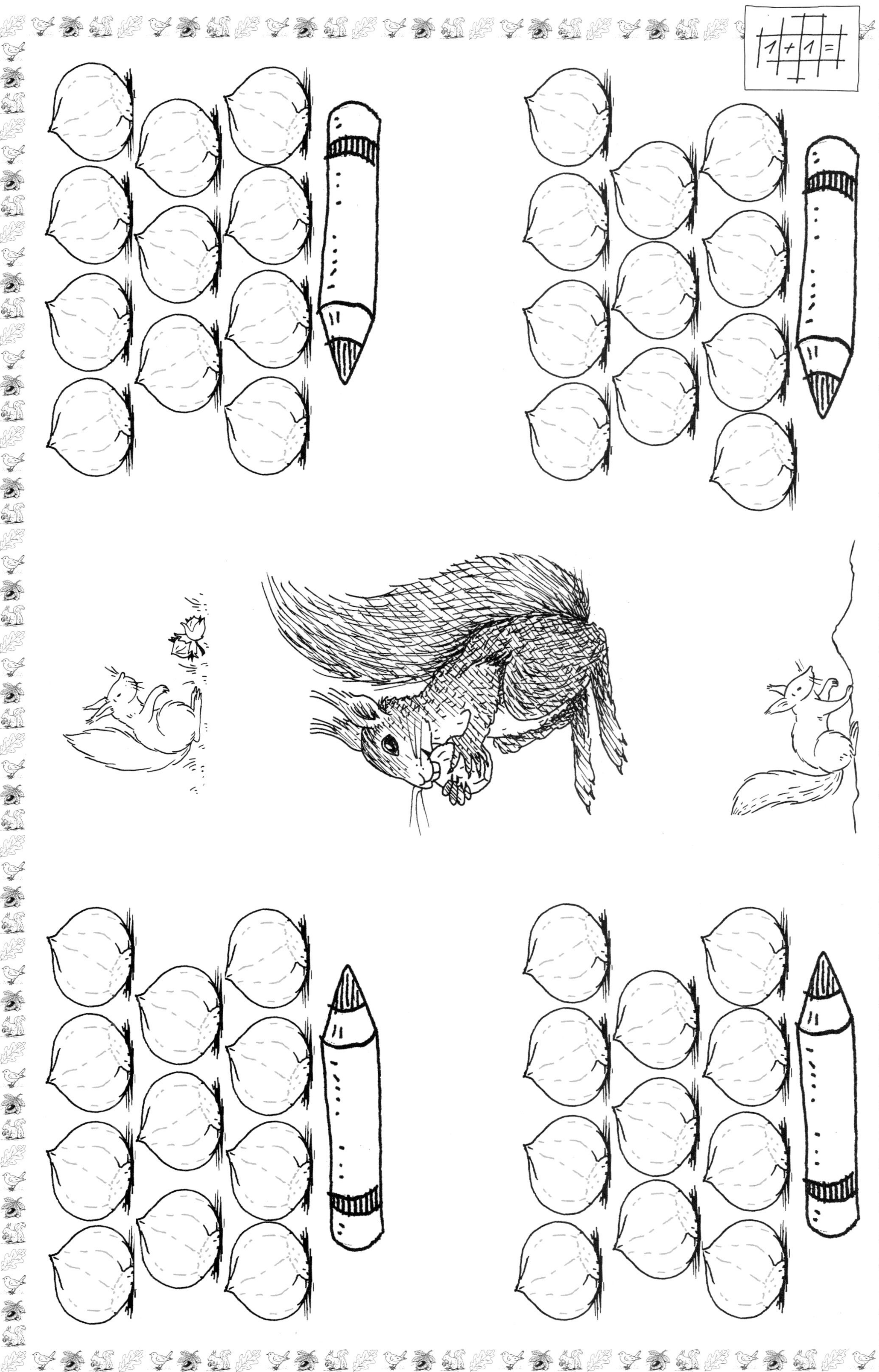

1 + 1 =

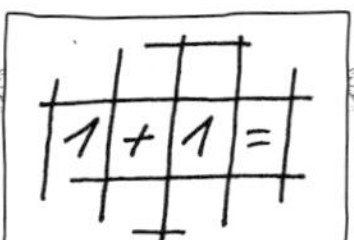

Pilzsuche

① **Bearbeite die Aufgaben in deinem Heft.**

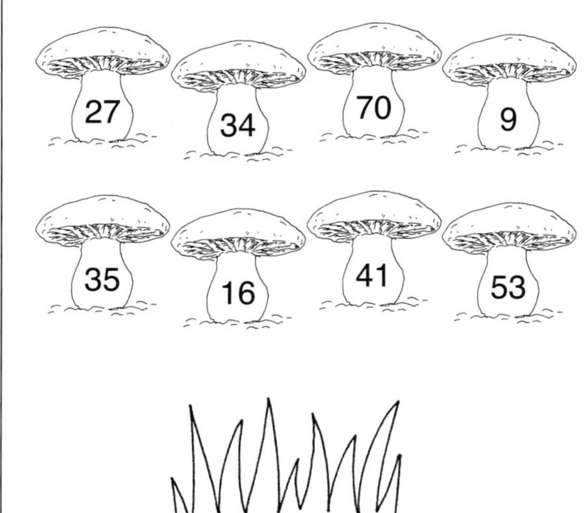

Schreibe so im Heft:

36 + 27 = ________

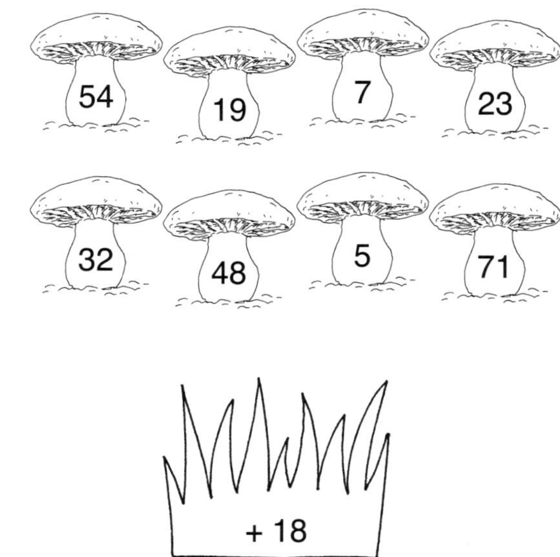

Schreibe so im Heft:

18 + 54 = ________

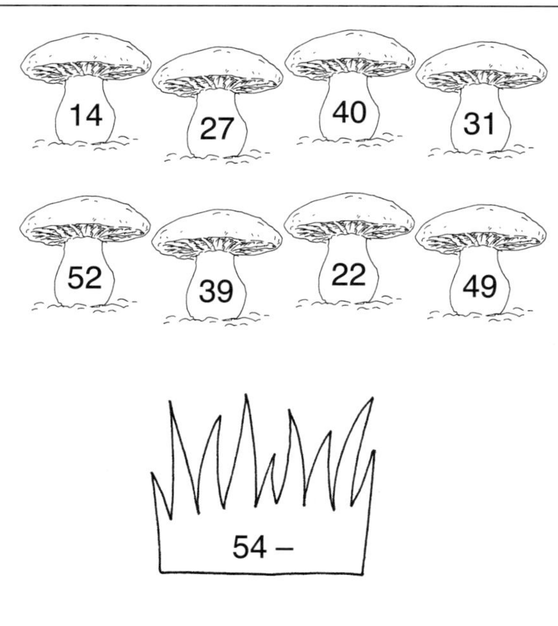

Schreibe so im Heft:

54 – 14 = ________

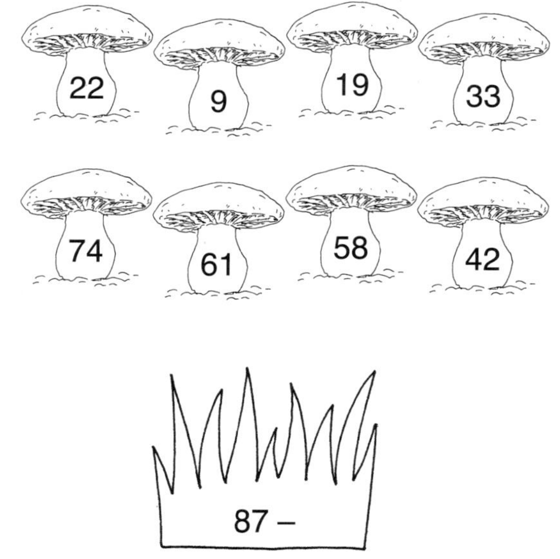

Schreibe so im Heft:

87 – 22 = ________

Tannenzapfen

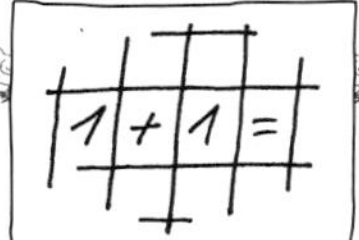

① **Was gehört zusammen? Verbinde in verschiedenen Farben.**

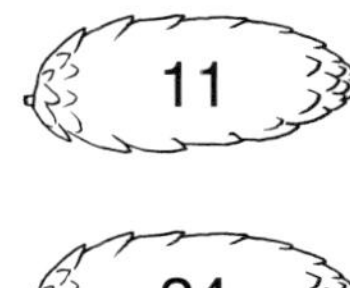

11		48	17		19
24		20	23		8
39	+ 9	50	30	– 9	14
41		33	28		21

② **Welche Tannenzapfen zeigen das gleiche Ergebnis? Male sie in derselben Farbe an.**

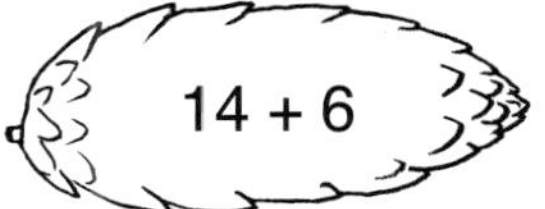
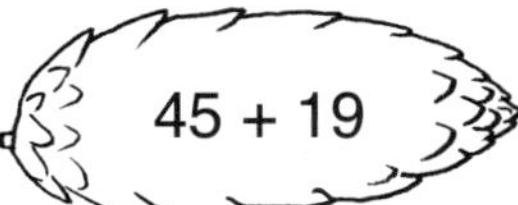

14 + 6	52 – 15	45 + 19	13 + 55
24 + 13	90 – 22	38 – 18	90 – 29

③ **Berechne die Ergebnisse.**

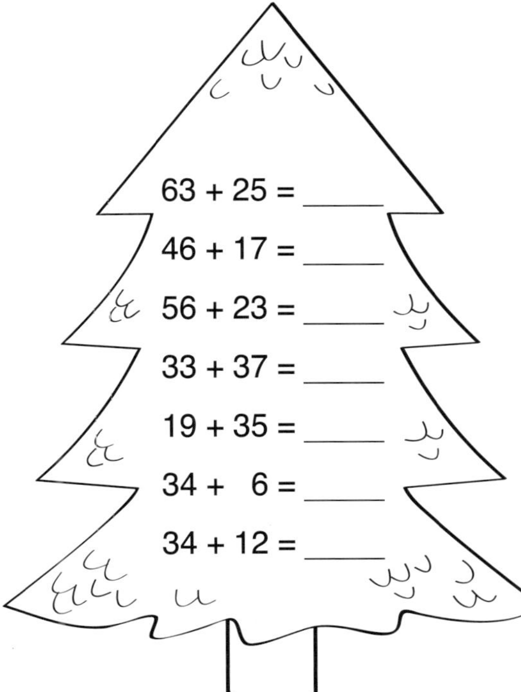

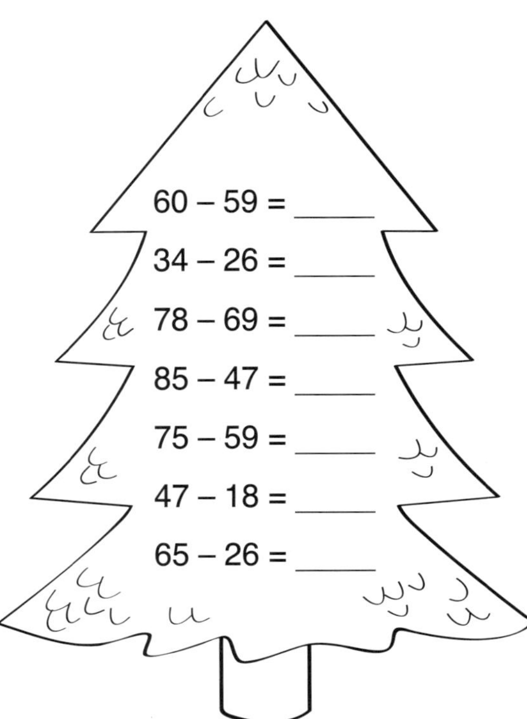

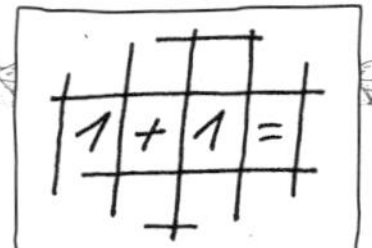

Beerensuche

① **Löse die Aufgaben.**
Findest du die Beeren mit der richtigen Lösung?

② **Male sie an.**

7 · 8 = ______	9 · 2 = ______	8 · 3 = ______
4 · 3 = ______	3 · 7 = ______	7 · 5 = ______
6 · 5 = ______	5 · 8 = ______	6 · 9 = ______

Zusatzaufgabe:

③ **Zwei Brombeeren hast du nicht angemalt. Schreibe die Zahlen unten auf.**
Findest du eine Mal-Aufgabe, die zu dieser Zahl passt?

______ = ☐ · ☐ ______ = ☐ · ☐

______ = ☐ · ☐ ______ = ☐ · ☐

Tannenbäume

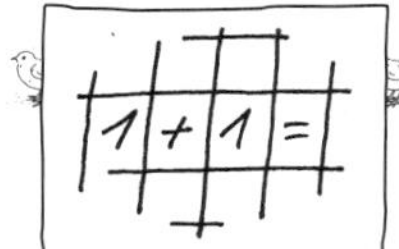

① **Berechne die Aufgaben.**

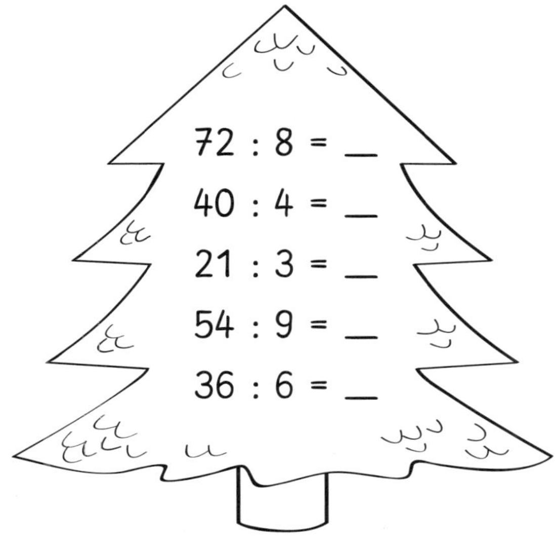

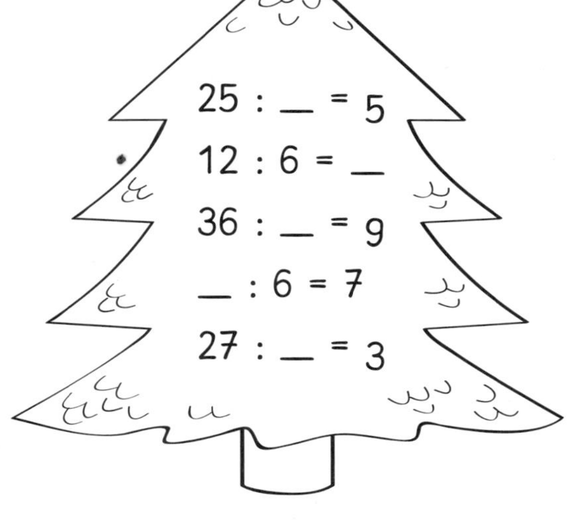

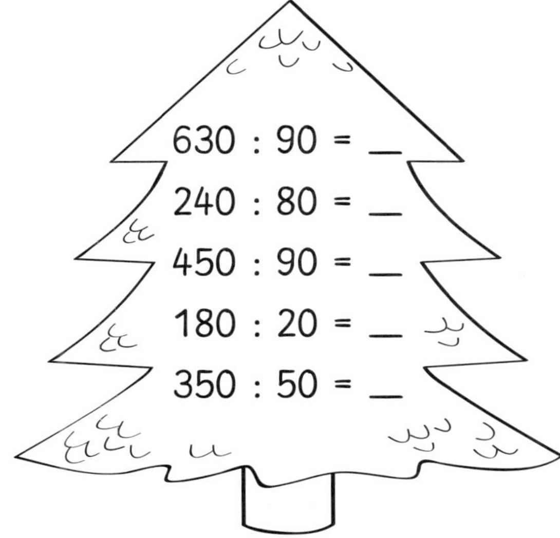

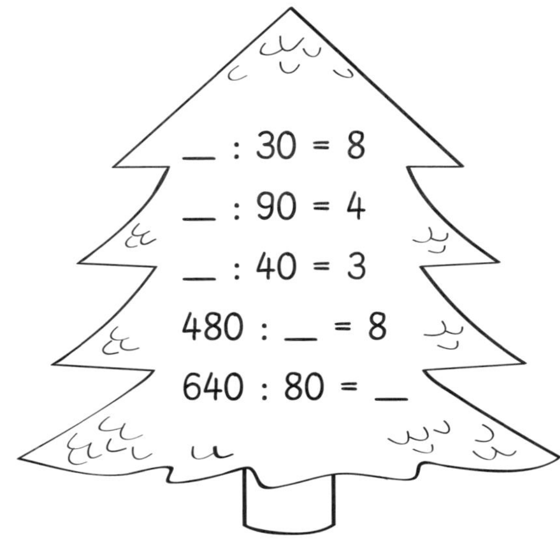

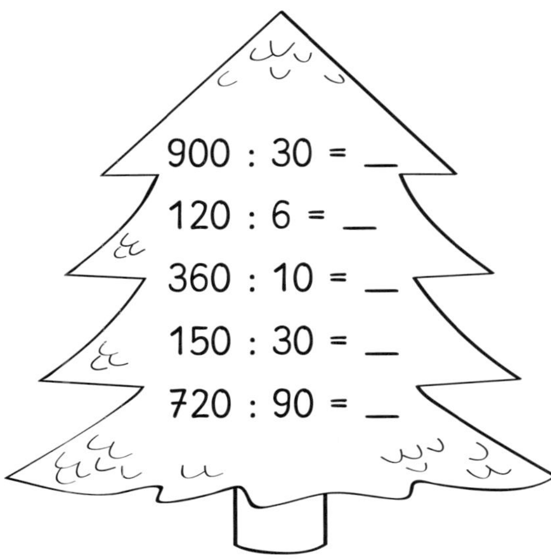

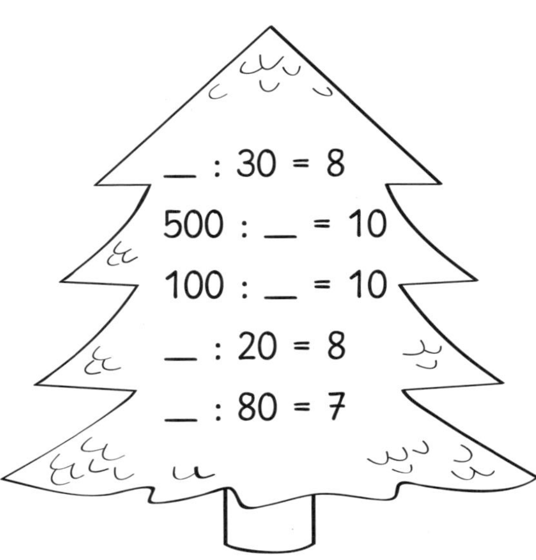

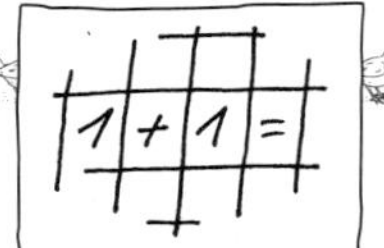

Im Wald

① **Lies die Aufgaben.**

② **Schreibe zu jeder Aufgabe die Frage.**
Berechne die Aufgabe und schreibe einen Antwortsatz.

1. Förster Baumann muss die Schonung für die jungen Tannenbäume einzäunen. Insgesamt wird der Zaun 12,40 m lang sein. Förster Baumann will alle 40 cm einen Pfahl setzen. Ein Pfahl kostet 5,40 €.

2. Förster Baumann will einen neuen Hochsitz kaufen. Er findet dieses Angebot:

Hochsitz Deluxe
Anzahlung: 450,00 €
+ 8 Raten zu je 90,00 €
in den nächsten 8 Monaten
(Barpreis: 1 000 €)

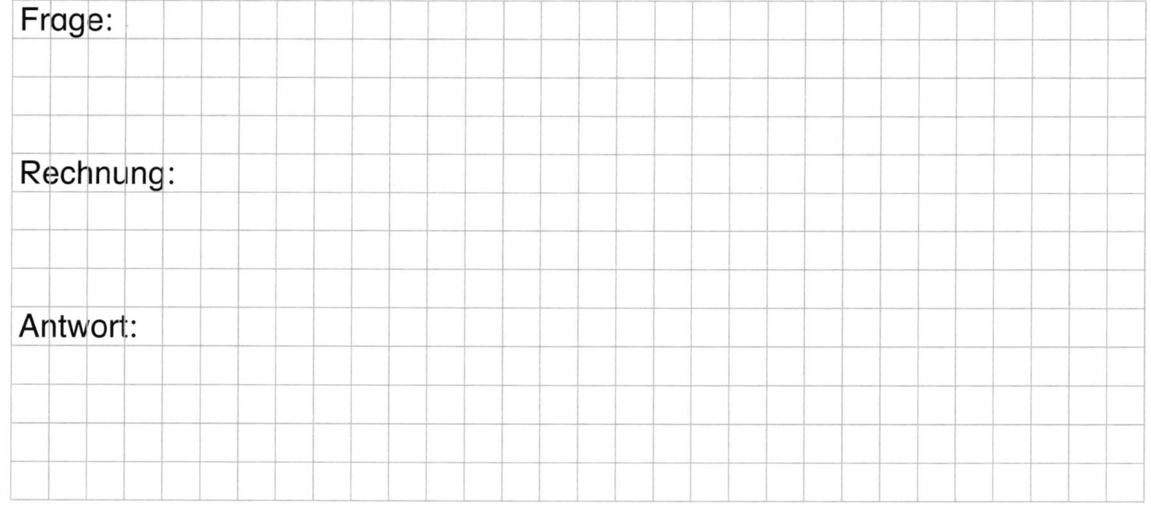

Vom Samen zum Baum

① **Schneide die Streifen aus und bringe sie in die richtige Reihenfolge.**

Im Herbst trägt der Baum Früchte. In den Früchten sind Samen. Wenn die Früchte reif sind, fallen sie zu Boden und der Samen gelangt so auf den Waldboden, den er zum Wachsen braucht.

Der Wind und einige Tiere helfen dabei, dass sich die Samen verbreiten.

Bevor man wirklich bei der Pflanze von einem Baum sprechen kann, vergehen 20 Jahre und mehr.

Aus dem aufgequollenen Samen schiebt sich zuerst eine kleine Wurzel, die Keimwurzel. Sie befestigt den Keimling am Boden. Am Anfang hat der Keimling nur zwei kleine Blätter.

Wenn es im Frühling wieder wärmer wird, keimen die Samen. Aus ihnen wachsen neue Bäume. Aber nicht alle Samen überleben den Winter. Sie vertrocknen oder verrotten.

Sobald die jungen Bäume im Frühjahr blühen, wird der Blütenstaub von Bienen und Vögeln weitergetragen. Durch das Bestäuben können später neue Früchte (Zapfen, Samen, Beeren oder Nüsse) heranwachsen.

Im Laufe der Zeit wird der Stängel des jungen Baumes immer kräftiger und er bekommt mehr Blätter. Anhand der kleinen Blätter lässt sich bereits sagen, um welche Baumart es sich handelt.

Die Stockwerke des Waldes

① **Wie ein Haus hat auch ein Wald verschiedene Stockwerke. Beschrifte die Zeichnung.**

Baumschicht   Strauchschicht   Krautschicht   Moosschicht   Wurzelschicht

② **Sprich mit einem Partner, in welcher Schicht man diese Pflanzen sehen kann. Kennt ihr noch mehr Pflanzen in den verschiedenen Schichten?**

Fliegenpilz   Farn   Buche   Schwarzdorn   Kiefer   Wurzelwerk   Eiche
Buschwindröschen   Pfahlwurzel   Ahorn   Hasel

Laub- und Nadelwälder in Deutschland

① **Lies den Text.**

Wusstest du, dass …

… 32 % der Fläche der Bundesrepublik Deutschland bewaldet sind?

… die Fichte der Baum ist, der am häufigsten in deutschen Wäldern zu finden ist?

… der meiste Wald der Bundesrepublik Deutschland in Bayern wächst?

… es 76 verschiedene Baumarten im deutschen Wald gibt?

… der meiste Wald in einem deutschen Nationalpark im Harz wächst?

Die meisten Wälder in Deutschland sind Mischwälder. Das bedeutet, dass im Wald Laub- und Nadelbäume vorkommen. In einem Mischwald wachsen außerdem besonders viele verschiedene kleinere Pflanzen. Auch deshalb bieten Mischwälder Tieren die Möglichkeit, Nahrung und einen Platz zum Leben zu finden.

Insbesondere in den Bergen findet man reine Nadelwälder. Nadelbäume können besser in der Höhe und Kälte überleben als Laubbäume. Zu den Nadelbäumen zählen Tannen, Kiefern und Fichten. Mit Ausnahme der Lärche verlieren sie im Winter ihre grünen Nadeln nicht.

Ursprünglich war Deutschland einmal fast vollständig von Laubwäldern bedeckt. Sie bestanden aus Buchen, Eichen, Kastanien, Birken und vielen anderen Laubbäumen. Um mehr Lebensraum, aber auch um Ackerflächen zu haben, wurden große Flächen gerodet.

Laubwälder haben im Frühling und im Herbst eine besonders schöne Färbung: Im Frühling zeigen sich verschiedene Grüntöne, im Herbst verfärbt sich das Laub gelb, rot und orange und leuchtet damit besonders schön.

② **Prüfe die Aussagen und kreuze an.**

	richtig	falsch	steht nicht im Text
In Deutschland gibt es nur Mischwälder.			
Nadelbäume können besonders gut in der Höhe wachsen.			
In Mischwäldern gibt es mehr verschiedene Pflanzen als in Nadelwäldern.			
Der Harz liegt in Bayern, weil hier die meisten deutschen Wälder zu finden sind.			
Die Lärche verliert im Herbst ihre Nadeln.			
Der Laubwald zeigt im Herbst eine besonders schöne Färbung in verschiedenen Grüntönen.			

Laubbäume im Wald (1)

① **Schneide die Blätter und die Früchte aus.**
Ordne sie den Bäumen auf Seite 51 zu.

② **Vergleiche deine Lösung mit einem Partner.**

③ **Klebe die Bilder auf.**
Jetzt hast du ein Bestimmungsbuch für deinen nächsten Waldspaziergang.

④ **Informiere dich in Büchern und im Internet über einen Baum.**

⑤ **Fülle den Steckbrief für deinen Baum aus.**
Stelle deinen Baum in der Klasse vor.

Steckbrief

Name des Baumes: ______________________

Standort: ______________________

Blattform: ______________________

Früchte: ______________________

Höhe: ______________________

Lebensalter: ______________________

Holznutzung: ______________________

Laubbäume im Wald (2)

Laubbäume im Wald

Eberesche

Buche

Kastanie

Birke

Erle

Ahorn

Eiche

Nadelbäume im Wald

① Lies und verbinde.

Die **Lärche** ist der einzige Nadelbaum in Deutschland, der im Herbst die Nadeln abwirft. Sie wird zwischen 30 und 40 Meter hoch und kann bis zu 600 Jahre alt werden. Man findet sie an sonnigen Hängen und auch im Gebirge.
Die Nadeln der Lärche wachsen in kleinen Büscheln. Im Herbst verfärben sie sich goldgelb. Die Zapfen der Lärche sind klein und eiförmig. Sie ähneln optisch dem Kiefernzapfen, sind aber viel kleiner als dieser.

Die **Fichte** ist der Nadelbaum, den man am häufigsten in deutschen Wäldern sieht. Sie wächst besonders schnell und stellt keine besonderen Ansprüche an den Boden. Deshalb wird sie gern als Nutzholz angepflanzt. Eine Fichte wird zwischen 30 und 50 Meter hoch und kann bis zu 500 Jahre alt werden. Sie wächst in feuchten und kühlen Lagen sowie im Gebirge.
Die Fichte kann man leicht an ihren herunterhängenden Zapfen erkennen. Dies ist auch das Hauptunterscheidungsmerkmal zur Tanne. Die Nadeln wachsen rund um den Ast, sind spitz und piksen.

Die **Tanne** findet man in deutschen Wäldern nicht so oft. Nur 1,7 % des Waldes besteht aus Tannen. Wenn du also einen „Tannenzapfen" am Boden findest, ist es mit großer Wahrscheinlichkeit ein Fichtenzapfen. Er sieht fast genauso aus. Tannenzapfen wachsen im Gegensatz zum Fichtenzapfen aufrecht am Zweig. Dort zerfallen sie im Laufe der Zeit in einzelne Schuppen. Das bedeutet, dass fast nie ein ganzer Tannenzapfen auf den Boden fällt. Tannen findet man in mittleren bis höheren Gebirgslagen, insbesondere auch in Mischwäldern.
Die Tanne kann bis zu 600 Jahre alt werden und wird zwischen 40 und 70 Meter hoch. Die Nadeln der Tanne sind im Gegensatz zur Fichte weich und stumpf – sie piksen also nicht.

Die **Kiefer** ist der zweithäufigste Baum in deutschen Wäldern. Sie kann aufgrund ihrer langen Pfahlwurzel fast überall wachsen. Mit der langen Wurzel findet sie gut Halt und kann auch Nährstoffe aus größeren Tiefen beziehen. Die Nadeln der Kiefer sind paarweise am Zweig angeordnet und vier bis acht Zentimeter lang. Dadurch kann man die Kiefer immer sehr gut erkennen. Ihr Zapfen ist rundlich-eiförmig und relativ groß. Er öffnet und schließt sich je nach Wetterlage. Nur bei gutem Wetter streuen Kiefern ihre Samen aus. Eine Kiefer kann bis zu 600 Jahre alt und zwischen 25 und 45 Metern hoch werden. Sie wächst auf moorigen Böden, Sandböden, aber auch im Gebirge.

Der Wald als Nutzwald

① Sieh dir das Schaubild an.
Finde zu jedem Wort Beispiele und erkläre, wie der Wald genutzt wird.

Lebensraum: Eichhörnchen, ____________________

____

____

Klimaschutz: Sauerstoff, ____________________

____

____

Holz: Baumaterial, ____________________

____

____

Erholung: Wanderung, ____________________

____

____

Die Fotosynthese: So lebt der Baum

① Lies den Text.

Menschen, Tiere und Pflanzen brauchen Luft zum Leben. Wie aber atmen Pflanzen? Auch wenn man es nur durch ein Mikroskop sehen kann: Auch Pflanzen haben Münder, die Stomata. Dabei handelt es sich um winzig kleine Spaltöffnungen auf der Unterseite der Blätter. Das Wort stammt vom griechischen Wort „Stoma" ab – das bedeutet Mund. Damit können also Menschen, Tiere und Pflanzen alle durch einen Mund atmen.

Im Unterschied zu Menschen und Tieren atmen Pflanzen Kohlendioxid ein und Sauerstoff aus. Das verläuft in einem relativ komplizierten Prozess, der Fotosynthese genannt wird. Da für Menschen und Tiere Kohlendioxid schädlich ist, ist die Fotosynthese der Pflanzen für sie lebensnotwendig. Die Fotosynthese findet in den Blättern statt, denn nur im grünen Farbstoff (dem Chlorophyll) kann die Pflanze Lichtenergie in Zucker und Sauerstoff umwandeln. Deshalb ist es wichtig, dass auf den Bestand von Bäumen und anderen Pflanzen als Produzenten von Sauerstoff geachtet wird. Als Beispiel: Eine 100-jährige Buche gibt in einer Stunde ungefähr so viel Sauerstoff ab, wie 50 Menschen zum Atmen benötigen.

Für die Fotosynthese brauchen Planzen die Lichtenergie der Sonne, Wasser und Kohlendioxid. Sie wandeln dies in Zucker und Sauerstoff um. Während der Großteil des Sauerstoffs die Pflanze über die Blattoberfläche wieder verlässt, wird der Zucker als Nahrung im Blatt gespeichert. Ein wenig Sauerstoff verbraucht sie selbst, um den Zucker für sich so umwandeln zu können, dass er ihr als Energieversorgung zum Wachsen genügt.

② Trage die Begriffe in das Schaubild ein

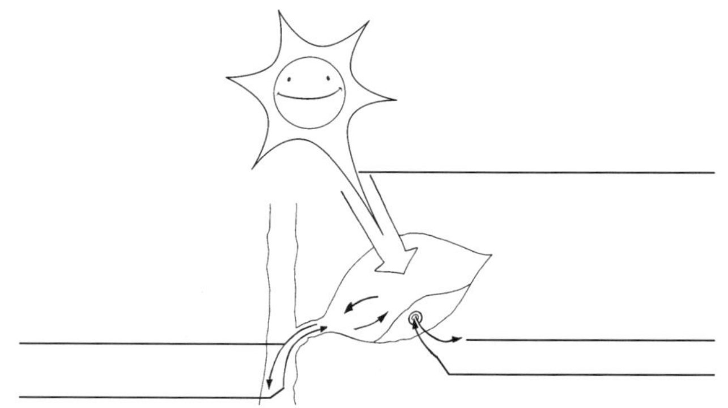

Licht	Sauerstoff	Kohlendioxid	Wasser	Zucker

Der Kuckuck

① **Lies den Text.**

② **Male das Bild an.**

Der Ruf des Kuckucks ist uns allen gut bekannt. Das hängt damit zusammen, dass der Kuckuck zu den Zugvögeln gehört und immer erst im Frühjahr nach Deutschland kommt, wenn es wieder etwas wärmer wird. Dann hört man sein „Kuckuck" durch den Wald schallen. Das Kuckucksmännchen ruft so lange, bis es ein Weibchen gefunden hat.

Hat sich ein Pärchen gefunden, so paaren sie sich und das Weibchen legt Eier. Das Kuckuckspaar baut allerdings kein eigenes Nest, sondern es legt seine Eier in fremde Nester. Damit das nicht auffällt, legt das Weibchen immer nur ein Ei, das ähnlich gefärbt ist wie die anderen Eier, im fremden Nest. Es unterscheidet sich meistens nur dadurch, dass es etwas größer ist. Die Eier des Kuckucks können also ganz unterschiedlich aussehen.

Die „Gasteltern" brüten dann die Eier für den Kuckuck aus. Nach zwölf Tagen schlüpft das Kuckucksjunge. Sobald es geschlüpft ist, verhält es sich gegenüber den übrigen „Mitbewohnern" im Nest wenig nett: Es stößt die anderen Eier und Jungvögel aus dem Nest und sorgt damit dafür, dass die „Gasteltern" sich nur um ein einziges Junges kümmern, nämlich um das Kuckuckskind selbst.

Ein Kuckuck ist etwa 30 Zentimeter groß und sieht ein wenig wie eine Taube aus. Die Flügel sind spitz und der Schwanz ist abgerundet. Sein Gefieder ist grau: Kinn, Kehle, Halsseite und Brust sind hellgrau, die Unterseite ist weiß. Die Oberseite der Männchen ist dunkelgrau, die der Weibchen dagegen leicht rostfarben. Der Schwanz hat hellgraue „Streifen". Im Flug sieht der Kuckuck ein wenig wie ein Sperber aus. Dadurch erschreckt er andere Singvögel, die Angst vor Raubvögeln haben. So kann er sich leichter Zugang zu ihren Nestern verschaffen.

Der Kuckuck ist ein Insektenfresser, der gerne Schmetterlingsraupen, Heuschrecken, Käfer und Libellen frisst. Er frisst gerne behaarte Raupen, die andere Vögel eher meiden.

Das Eichhörnchen

① **Informiere dich in Büchern oder im Internet über das Eichhörnchen.**

② **Kreuze die passende Antwort an. Wenn du die Buchstaben richtig auswählst, erhältst du das Lösungswort.**

Das Eichhörnchen nennt man in einigen Gegenden auch

- Eichkätzchen. **BA**
- Haselhörnchen. **SA**
- Buschelschwänzchen. **EI**

Der buschige Schwanz dient dem Eichhörnchen zum

- Zudecken und Wärmen. **CH**
- Kuscheln und Angeben. **TZ**
- Steuern und Balancieren. **UM**

Die Farbe des Fells variiert je nach Region, Jahreszeit und Nahrung von

- Fuchsrot bis Braunschwarz. **M**
- Rotbraun bis Gelborange. **T**
- Rotorange bis Graugrün. **H**

Das Nest des Eichhörnchens nennt man

- Höhle. **O**
- Bau. **E**
- Kobel. **A**

Eichhörnchen halten im Winter

- Winterstarre. **ST**
- Winterschlaf. **PF**
- Winterruhe. **RD**

Für den Winter legen sich Eichhörnchen unterirdische

- Schlafplätze an. **I**
- Vorratskammern an. **E**
- Wärmestuben an. **A**

Um die Nahrung im Winter wiederzufinden, verlassen sich die Eichhörnchen auf

- ihren Geruchssinn. **R**
- ihr Gedächtnis. **N**
- ihren Tastsinn. **L**

Ein Feind des Eichhörnchens ist der

____

Der Fuchs

① **Lies den Text.**

② **Markiere im Text die Antworten auf die folgenden Fragen:**

Rot: Wie sieht der Fuchs aus?
Blau: Was fressen Füchse?
Grün: Wo wohnen Füchse?
Gelb: Warum werden Füchse gejagt?

Füchse trifft man heutzutage nicht nur im Wald, sondern auch in Städten. Das liegt daran, dass der Fuchs dort relativ leicht Nahrung finden kann.

Eigentlich aber lebt der Fuchs am Waldrand oder im Wald in einem unterirdischen Fuchsbau. Zu seiner Höhle führen mehrere Gänge, die ungefähr zehn Zentimeter breit sind. Wenn sich die Gelegenheit bietet, zieht ein Fuchs auch in einen freien Dachsbau ein.

Der Fuchs zeichnet sich durch sein rotbraunes Fell aus. Aufgrund der Fellfarbe wird der Fuchs deshalb auch oft Rotfuchs genannt. Ohne seinen Schwanz, die sogenannte Lunte, erreicht er eine Länge von 60 bis 90 Zentimetern. Besondere Merkmale des Fuchses sind seine hochstehenden, spitzen Ohren und seine schmale, lange Schnauze. Er wiegt zwischen fünf und zehn Kilogramm und kann zehn bis zwölf Jahre alt werden. Der männliche Fuchs wird Rüde genannt, der weibliche Fuchs ist die Fähe. Wie bei den Hunden heißen die Jungen Welpen.

Füchse verschlafen gern den Tag in ihrem Bau. Nachts gehen sie auf die Jagd. Sie gehören zu den Allesfressern: Mäuse, Vögel, Frösche, Schnecken, Regenwürmer, Käfer, aber auch Früchte, Kartoffeln oder Getreide gehören zur Nahrung. Nur wenn sich die Gelegenheit bietet, holt sich ein Fuchs auch einmal eine Gans oder ein Huhn vom Bauernhof oder stöbert in einer Mülltonne am Stadtrand.

Wenn Füchse Welpen haben, kümmert sich in den ersten Wochen der Vater um die Nahrungsbeschaffung. Die Mutter bleibt bei den Welpen im Fuchsbau. Sie säugt die Welpen ca. 24 Tage. Erst danach erhalten sie feste Nahrung, die die Fähe in den Bau schleppt. Die Welpen verlassen den Bau das erste Mal nach ca. vier Wochen. Meistens gehören vier oder fünf Welpen zu einem Wurf.

Der Fuchs wurde vom Menschen immer schon wegen seines Fells gejagt. Mittlerweile steht aber weniger das Fell im Mittelpunkt als vielmehr der Versuch, dass durch ein gezieltes Jagen die Anzahl der Füchse nicht zu hoch wird. Eine lange Zeit war der Fuchs ein Verbreiter der Tollwut, einer schlimmen Krankheit, die sich sowohl auf Haustiere als auch Menschen überträgt. Deshalb wurde der Fuchs lange gejagt oder ihm wurden Fallen gestellt.

Die Waldameise

① **Lies den Text.**

Ein Ameisenhügel ist in vielerlei Hinsicht ein kleines Wunderwerk. Der Bau selbst ist beeindruckend. Er kann bis zu zwei Meter hoch werden, wobei man aber nur den Teil oberhalb der Erde sieht. Unter der Erde ist er meistens noch einmal genauso groß. Bis zu zwei Millionen Ameisen leben in einem Ameisenhügel, der meist um einen alten Baumstumpf gebaut wird. Beim Bau achten die Ameisen auf einen sonnigen Standort, denn die Sonne soll den Ameisenhügel erwärmen.

② **Setze die Wörter ein.**

Ameisenkönigin	Brutpflegerinnen	Wächterinnen	Arbeiterinnen
Putzfrauen	Männchen	Larven	

Das Leben in einem Ameisenhügel ist streng organisiert. Jede Ameise hat eine bestimmte Aufgabe. Es gibt ______________________, die den Ausgang kontrollieren. Bei Kälte oder bei Regen verschließen sie die Eingänge mit Pflanzenteilen. Die ______________________ sind dafür zuständig, dass der Ameisenhügel systematisch aufgebaut wird. Die ________________ entsorgen den Abfall, der im Bau anfällt. Zentrum des Ameisenstaates ist die ______________________. Sie lebt allein in der Mitte des Ameisenhügels und legt jeden Tag bis zu 300 Eier. Sobald die ____________ aus den Eiern geschlüpft sind, kümmern sich ______________________ um sie.

Die einfache Waldameise wird bis zu drei Jahre alt. Eine Königin kann aber bis zu 15 Jahre alt werden. Die ________________ haben nur ein sehr kurzes Leben. Nach dem Hochzeitsflug mit den Jungköniginnen im Mai sterben sie sofort wieder. Waldameisen sind für das Leben im Wald sehr wichtig. Sie fressen viele Schädlinge und verteilen Samen, sind aber gleichzeitig auch Nahrung für viele Tierarten.

Fressen und gefressen werden

① **Sprich mit einem Partner. Wer frisst hier wen?**

Der Wald ist die Heimat von vielen Pflanzen und Tieren. Sie leben miteinander, aber auch voneinander. Man spricht hier von Nahrungsketten. In einer Nahrungskette frisst man, wird aber auch gefressen. So frisst die Maus die Nüsse, die an der Hasel wachsen, wird andererseits aber auch vom Waldkauz gefressen. Wenn ein Glied in der Nahrungskette beschädigt wird, z. B. durch einen Sturm, dann wirkt sich das auf die gesamte Nahrungskette aus. Trägt also die Hasel nicht genug Nüsse, wird die Maus vielleicht weniger Junge haben und damit bleibt dann der Waldkauz hungrig. Sollte der Waldkauz sterben, bedeutet das für die Maus, dass sie einen Feind weniger hat. Sie kann sich deshalb wieder besser vermehren.

② **Zeichne Pfeile.**  **frisst**

Der Waldboden

① **Lies den Text.**

In einem Garten kümmert sich ein Gärtner um den Boden.

Um das Feld kümmert sich ein Bauer.

Wer aber kümmert sich um den Waldboden?

Im Waldboden gibt es viele Tiere. Einige sind sichtbar, einige sind winzig klein und nur unter dem Mikroskop zu erkennen. Die Tiere zerkleinern alles, was auf dem Boden liegt. Zusätzlich sorgen Bakterien und Pilze dafür, dass die Reste weiter zersetzt werden. So bildet sich mit der Zeit Humus, das bedeutet dunkle, frische Erde. Humus enthält viele Nährstoffe, sodass Pflanzen sehr gut wurzeln können.

② **Gehe in den Wald und schreibe deine Beobachtungen auf.**

Pflanzen

Welche Pflanzen kannst du auf dem Waldboden sehen?

____

____

Totes Material

Was liegt auf dem Waldboden, das nicht lebt?

____

____

Lebewesen

Welche Tiere kannst du auf dem Waldboden sehen?

____

____

Besonderheiten

Was siehst du, wenn du ein wenig von der obersten Humusschicht vorsichtig zur Seite schiebst?

____

____

Pilze

① **Lies den Text.**

Im Wald findet man viele Pilze. Das hängt unter anderem auch damit zusammen, dass Pilze und Bäume eine sehr praktische Gemeinschaft bilden. Pilze können nämlich keine Fotosynthese betreiben. Um Nährstoffe zu bekommen, brauchen sie deshalb die Bäume, genauer gesagt, die Baumwurzeln. Wenn man genauer hinsieht, kann man erkennen, dass Baumwurzeln von weißlichen Fäden überzogen sind. Diese stammen von den Pilzen. Der sichtbare Pilz an der Oberfläche ist nämlich nur ein sehr kleiner Teil von dem, was den Pilz eigentlich ausmacht. Unter der Erde breitet sich der Pilz als ein riesiges Geflecht aus, das Myzel. Ähnlich wie bei einem Eisberg, von dem man auch nur den kleinsten Teil sehen kann, sehen wir auf dem Waldboden nur den Fruchtkörper des Pilzes. Während der Baum den Pilz unterirdisch also mit Kohlenhydraten versorgt, gibt der Pilz dem Baum Wasser und darin gelöste Nährstoffe. Für beide also eine gute Partnerschaft!

Wer auf Pilzsuche geht, sollte sich gut auskennen. Der **Knollenblätterpilz** ist zum Beispiel tödlich giftig. Er kommt vor allem in Laubwäldern vor. Nicht tödlich, aber auch giftig ist der **Fliegenpilz**, der oft in der Nähe von Fichten und Birken wächst.

In Fichtenwäldern wächst auch der **Waldchampignon**. Er ist ebenso essbar, wie der **Maronenröhrling**, den man in Kiefern- und Fichtenwäldern findet. Eine besondere Delikatesse ist der **Steinpilz**, den man von Juli bis November in Laub- und Nadelwäldern finden kann.

② **Hast du schon einmal im Wald Pilze gesucht? Berichte.**

③ **Findest du die Pilze im Suchsel wieder?**

A	Ö	U	W	E	T	R	U	Z	O	L	P	K	H	S	F	B	S
S	L	P	M	E	N	A	G	H	P	C	W	N	K	T	E	R	T
D	F	L	I	E	G	E	N	P	I	L	Z	S	B	E	O	M	T
T	T	O	S	W	P	Ä	F	G	E	H	P	M	V	I	Ä	S	F
F	W	B	Z	P	D	F	G	H	J	K	W	T	R	N	E	N	G
K	N	O	L	L	E	N	B	L	Ä	T	T	E	R	P	I	L	Z
G	E	N	D	H	L	Z	E	B	M	T	P	U	F	I	B	S	A
W	A	L	D	C	H	A	M	P	I	G	N	O	N	L	I	N	G
H	T	A	F	W	G	N	D	T	O	P	B	S	A	Z	T	G	N
L	L	S	B	C	M	E	P	I	D	B	A	S	R	O	M	D	Ö
J	M	A	R	O	N	E	N	R	Ö	H	R	L	I	N	G	M	B
K	Z	D	A	S	B	F	F	W	G	F	N	I	M	A	C	U	K

Der Regenwald

① Lies den Text.

Hast du dir schon einmal überlegt, woher der Regenwald seinen Namen hat?

Tatsächlich ist der Name auf den vielen Regen zurückzuführen, der dort fällt.

In den Tropen rund um den Äquator gibt es keine Jahreszeiten und die Temperaturen sind das ganze Jahr über relativ gleichbleibend. Allerdings gibt es täglich immer wieder sogenannte Regenzeiten. Aufgrund der Wärme und der Wasserzufuhr wächst alles im Regenwald sehr gut. Viele Tiere finden hier ideale Lebensbedingungen.

Die tropischen Regenwälder in Südamerika, Afrika und Asien werden auch als grüne Lunge der Erde bezeichnet. Damit wird deutlich, dass sie sehr wichtig für das Klima auf der Welt sind. Allerdings sind die Regenwälder und damit auch das Klima in Gefahr, weil immer mehr Flächen abgeholzt werden. Zum einen wollen die Menschen das Land als Acker nutzen, zum anderen ist das Holz wertvoll und wird für die Herstellung von Papier oder Möbeln genutzt.

② **Überlege, was man in Deutschland tun kann, um die Regenwälder zu schützen. Sprich mit einem Partner.**

Forest domino

① **Cut out the cards.**

② **Play the game.**

Start		tree	
rabbit		flower	
fox		mushroom	
bush		berries	
deer		bear	
wolf		owl	
bird		nest	
branch		fir tree	**The end**

In the forest

① **Colour the picture.**

1 = green 2 = yellow 3 = blue 4 = red

5 = orange 6 = black 7 = brown

How many … can you see?

I can see …

yellow flowers ____________ ____________ blue flowers

orange flowers ____________ ____________ brown rabbits

red berries ____________ ____________ black birds

green bushes ____________

Where is it?

① **Read the words.**

② **Circle the words in the wordsearch.**

A	K	S	X	L	M	N	O	P	Q
B	D	E	E	R	R	S	B	T	U
C	L	T	Q	A	W	X	I	Z	A
D	M	U	C	B	E	A	R	F	N
E	N	W	D	B	E	C	D	P	Y
F	P	Z	E	I	A	F	K	M	W
F	O	X	F	T	T	W	O	L	F
G	W	A	G	X	G	H	K	Y	A
H	L	B	H	E	F	T	J	C	V
I	R	S	Q	U	I	R	R	E	L

The tree in the hole (1)

F

1. There was a hole, there was a hole, in the mid-dle of the ground, in the mid-dle of the ground. The pret-ti-est hole, the pret-ti-est hole, that you ev-er did see, that you ev-er did see.

C

Ab der 2. Strophe wiederholen

F

The___ tree in a hole and the hole in the ground.

Chorus

F C F B♭

And the green grass grew all a-round, all a-round and the

F C F

green grass grew all a-round.

The tree in the hole (2)

① **Sing the song.**

② **Number the tree.**

	Group 1 (or "lead singer")	Group 2 (as "echo")
1	There was a **hole**	… there was a hole
	in the middle of the ground.	… in the middle of the ground
	The prettiest hole	… the prettiest hole
	that you ever did see.	… that you ever did see
	The tree in the hole and the hole in the ground – *II: and the green grass grew all around. :II*	

2	And in this hole	… and in this hole
	there was a **root**.	… there was a root
	The prettiest root	… the prettiest root
	that you ever did see.	… that you ever did see
	Well – the root in the hole, *and the hole in the ground –* *II: and the green grass grew all around. :II*	

3	And on this root	… and on this root
	there was a **tree**.	… there was a tree
	The prettiest tree	… the prettiest tree
	that you ever did see.	… that you ever did see
	Well – the tree on the root, *and the root in the hole,* *and the hole in the ground –* *II: and the green grass grew all around. :II*	

4	And on this tree	*Echo*
	there was a **branch**.	*Echo*
	The prettiest branch	*Echo*
	that you ever did see.	*Echo*
	Well – the branch on the tree, *and the tree on the root,* *and the root in the hole,* *and the hole in the ground –* *II: and the green grass grew all around. :II*	

5	And on this branch	*Echo*
	there was a **twig**.	*Echo*
	The prettiest twig	*Echo*
	that you ever did see.	*Echo*
	Well – the twig on the branch, *and the branch on the tree,* *and the tree on the root,* *and the root in the hole,* *and the hole in the ground –* *II: and the green grass grew all around. :II*	

6 And on this twig, there was a **nest** …

7 And in this nest, there was an **egg** …

8 And in this egg, there was a **bird** …

Gott und die Bäume

In der Schöpfungsgeschichte steht, wie Gott die Erde geschaffen hat.
Auch über die Bäume wird darin berichtet.

Und Gott sprach: Es lasse die Erde aufgehen Gras und Kraut, das Samen bringe, und fruchtbare Bäume, die ein jeder nach seiner Art Früchte tragen, in denen ihr Same ist auf der Erde. Und es geschah so. (1. Mose 1,11)

① **Weißt du, welche Früchte zu welchem Baum gehören? Verbinde.**

② **Kennst du noch andere Früchte, die an Bäumen wachsen? Schreibe sie auf.**

③ **Vergleiche deine Ergebnisse mit einem Partner.**

Kastanie

Eiche

Tanne

Ahorn

Linde

Buche

Kiefer

Der Baum – Symbol der Hoffnung

① **Der Baum als ein Symbol der Hoffnung: Schreibe auf, welche Wörter dir dazu einfallen.**

② **Vergleiche deine Wörter mit einem Partner. Sprecht darüber.**

③ **Lies den Bibeltext.**

④ **Sprich mit einem Partner: Welche Hoffnung wird in diesem Bibeltext mit dem Baum zum Ausdruck gebracht?**

Gesegnet ist der Mann*, der sich auf den HERRN verlässt und dessen Zuversicht der HERR ist.
Der ist wie ein Baum, am Wasser gepflanzt,
der seine Wurzeln zum Bach hin streckt. Denn obgleich die Hitze kommt,
fürchtet er sich doch nicht, sondern seine Blätter bleiben grün;
und er sorgt sich nicht, wenn ein dürres Jahr kommt,
sondern bringt ohne Aufhören Früchte. (Jeremia 17,7–8)

* Gemeint sind alle Menschen, nicht nur der Mann.

Welche Bäume kommen in der Bibel vor?

① **Lies die Texte.**

② **Schreibe die Namen der Bäume in die Lücken.**
Tipp: Die Bilder helfen dir dabei.

Olivenbaum	Maulbeerbaum	Dattelpalme	Feigenbaum

Nachdem Adam und Eva vom Baum der Erkenntnis gegessen hatten, erkannten sie, dass sie nackt waren. Sie wollten sich bedecken. Dafür pflückten sie sich Blätter vom ______________________. (nach 1. Mose 2,4–3,24)

Noah ließ eine Taube von der Arche fliegen. Als sie am Abend zurückkam, hatte sie einen Zweig von einem ______________________ im Schnabel – ein Zeichen, dass das viele Wasser zurückging. (nach 1. Mose 8,8–12)

Jesus kam nach Jericho. Alle wollten ihn sehen, auch der Zöllner Zachäus. Weil aber so viele Menschen unterwegs waren, musste er auf einen ______________________ steigen, um Jesus sehen zu können. (nach Lukas 19,1–10)

In Jerusalem wollten die Menschen Jesus einen besonderen Empfang bereiten. Sie bedeckten den Boden mit Zweigen von der ______________________ und riefen: „Hosianna! Gesegnet sei er, der kommt im Namen des Herrn, der König Israels!“ (nach Matthäus 21,1–11)

Der Baum der Erkenntnis

① **Lies den Text.**

Adam und Eva leben im Paradies. Dort dürfen sie alle Früchte essen, die auf den Bäumen wachsen. Nur von einem Baum ist es verboten, das Obst zu essen: vom Baum der Erkenntnis. Eines Tages aber überredet die Schlange Eva, doch von diesem Baum eine Frucht abzupflücken und zu probieren. Erst zögert Eva, aber dann pflückt sie eine Frucht ab und gemeinsam essen sie und Adam das Obst. Nachdem sie von der Frucht abgebissen haben, erkennen die beiden, dass sie nackt sind. Sie verstecken sich, als sie hören, dass Gott sie sucht. Sie wollen nicht nackt vor ihm stehen. Deshalb pflücken sie sich Blätter vom Baum und bedecken sich damit. Gott erkennt, dass die beiden sich nicht an das Verbot gehalten haben. Zur Strafe müssen sie das Paradies verlassen. (nach 1. Mose 2,4–3,24)

② **Sieh dir die Bilder an. Wenn du die Buchstaben entsprechend der Abfolge in der Geschichte in die richtige Reihenfolge bringst, erhältst du das Lösungswort. Es verrät dir, um welche Baumart es sich beim Baum der Erkenntnis handeln könnte, denn so ganz genau weiß das niemand.**

☐ G	☐ E
Paradies ☐ M	☐ AU
☐ N	☐ F
STOPP Baum der Erkenntnis ☐ EI	☐ B

1	2	3	4	5	6	7	8

Das Kreuz als Lebensbaum

① **Lies den Text.**

Der Baum ist ein Symbol der Hoffnung. Warum?

Seine grünen Blätter und seine Früchte im Frühling und Sommer zeigen Wachstum. Damit stehen sie für das Leben. Weil im Herbst die Blätter absterben, im Winter die Äste kahl sind, steht der Baum aber auch für Sterben und Tod.

Das Kreuz ist im christlichen Glauben ebenfalls ein Zeichen der Hoffnung, weil Jesus gestorben ist, um neues Leben für die Menschen möglich zu machen.

② **Überlegt gemeinsam, warum das Kreuz oft als Baum dargestellt wird. Notiert eure Überlegungen in Stichworten.**

Bäume aus Linien

<u>Das brauchst du:</u>

Zeichenblockpapier
Bleistift
Wasserfarben
Pinsel
schwarzen Filzstift / Marker

<u>Das machst du:</u>

- Lege das Zeichenblockpapier hochkant vor dich.
- Zeichne zuerst mit dem Bleistift ein großes Dreieck als „Tannenbaum“ und ein Rechteck als Stamm in die Bildmitte.

  Tipp: Markiere die Eckpunkte des Dreiecks zuerst und zeichne dann von Punkt zu Punkt. So kannst du sicherstellen, dass dein Baum nicht zu klein wird.
- Zeichne anschließend Striche quer über das Papier, die im Winkel immer ein wenig anders laufen. So „zerschneidest“ du optisch die Flächen und erhältst die „Ausmalfelder“.

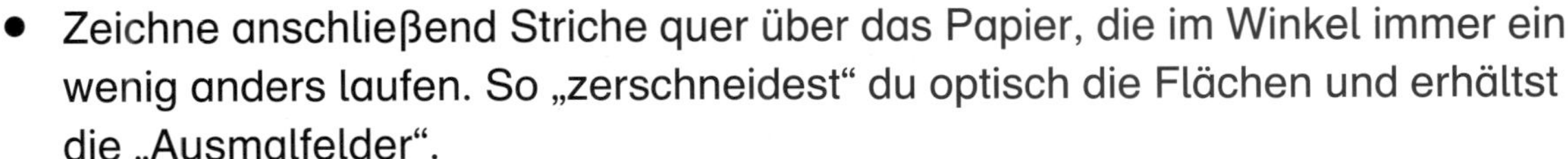

  Tipp: Achte darauf, dass die Felder nicht zu klein werden.
- Nimm vor der Arbeit mit den Wasserfarben den schwarzen Filzstift und ziehe die Bleistiftstriche sorgfältig nach.
- Mische nun für das Dreieck Grüntöne, die du in den Feldern verteilst. Ebenso verfährst du mit Brauntönen für den Stamm.
- Überlege dir, welche Jahreszeit du darstellen möchtest.
  Winter: Nutze für die übrigen Felder verschiedene Blautöne.
  Herbst: Nutze für die übrigen Felder verschiedene Rot-Orange-Töne.
- Stelle dein Bild in der Klasse vor.

Mit Blättern drucken

Das brauchst du:

Zeichenblockpapier

(eher kleine) Blätter von verschiedenen Laubbäumen

Wasserfarben

Borstenpinsel

Glasflasche (zum Rollen, d. h. nicht zu klein)

Das machst du:

- Lege das Zeichenblockpapier waagerecht vor dich.
- Rühre eine Farbe an. Achte darauf, dass die Farbe möglichst „dick" ist, d. h., der Wasseranteil darf nicht zu hoch sein.
- Trage die Farbe flächendeckend auf die Rückseite des Blattes auf, also auf der Seite, auf der die Blattadern deutlich hervortreten). Überall auf dem Blatt muss die Farbe aufgepinselt werden – einige Stellen werden die Farbe nicht annehmen.
- Stelle dir die Flasche in greifbare Nähe.
- Fasse das Blatt am Stiel an und lege es auf das Zeichenblockpapier. Halte dabei den Stiel weiter fest.
- Rolle einmal mit der Flasche fest über das Blatt. Wenn du mehrfach hin und her rollst, führt das zu einem „Wackelblatt".
- Hebe das Blatt vorsichtig ab.
- Verfahre ebenso mit den anderen Blättern. Achte darauf, dass die Farbe auf dem Papier angetrocknet ist, wenn du Blätter so drucken willst, dass sie überlappen.

Variation:

- Male vor dem Drucken das Blatt mit Wasserfarben deiner Wahl an. Achte darauf, dass die Farben sehr dünn (also mit viel Wasser) aufgetragen werden (nass auf nass malen).
- Lass das Blatt gut trocknen.
- Nutze für den Druck der Blätter nur schwarze Farbe. Der Vorgang ist ansonsten so wie oben beschrieben.

Blättercollage

Aus Blättern lassen sich Tiere und ganze Waldlandschaften „zaubern“. Ein Waldspaziergang, aber auch ein Besuch im Park dient dazu, sich das notwendige Blattmaterial dafür zu beschaffen.

Das brauchst du:

Zeichenblockpapier
verschiedene Blätter (besser geeignet sind kleinere Blätter)

Das machst du:

- Presse die Blätter ein paar Tage in einem dicken Buch.
  Am besten legst du sie zwischen zwei Zeitungsseiten oder zwischen Küchenpapierblätter.
  Du kannst sie auch in einer Zeitung unter einen Teppich legen.
- Lege aus den Blättern (Fantasie-)Tiere und einen Wald.
  Du kannst zusätzlich für die Augen auch Samen nutzen oder sie mit einem dicken schwarzen oder braunen Filzstift aufmalen.
- Klebe die Blätter fest.

Blätterwindlicht

Für diese Arbeit muss im Vorfeld Kleister angerührt werden.

Das brauchst du:

altes Marmeladen- oder Joghurtglas
verschiedene Blätter (müssen nicht getrocknet sein)
Kleister (nicht zu flüssig)
Schleifenband
Teelicht

Das machst du:

- Das Glas muss fettfrei sein, sonst kleben die Blätter nicht auf dem Glas. Spüle es dafür gründlich mit Wasser und Spülmittel. Trockne es anschließend gut ab.
- Bestreiche das Glas mit Kleister.
- Klebe sofort das erste Blatt auf.
- Bestreiche auch das Blatt mit Kleister.
- Die Blätter dürfen sich auch überlappen. Denke aber daran, dass das Licht durch viele Blätterschichten nicht gut leuchten kann. Es darf auch „leere" Stellen auf deinem Glas geben.
- Bestreiche am Ende noch einmal alles von außen mit einer dünnen Kleisterschicht.
- Lass das Glas über Nacht trocknen.
- Binde ein Schleifenband oben um das Glas. Stelle das Teelicht in das Glas.

Im Walde steht ein Haus

① **Singt das Lied.**

② **Singt das Lied und macht dazu die passenden Bewegungen.**

③ **Singt das Lied und lasst dabei jeweils eine Zeile weg. Stattdessen macht ihr hier nur die Bewegung. Am Ende werden nur noch Bewegungen gemacht.**

In dem Walde steht ein Haus,	*mit den Händen ein Hausdach formen*
schaut ein Reh zum Fenster raus,	*Kinn liegt auf Händen und „schaut hinaus“*
kommt ein Häslein angerannt,	*mit den Händen Hasenohren machen oder hüpfen*
klopfet an die Wand:	*auf den Tisch oder Boden klopfen*
„Hilfe, Hilfe, große Not,	*Hände in die Höhe strecken oder Hände falten*
sonst schießt mich der Jäger tot!“	*mit einem (Luft-)Gewehr schießen*
„Liebes Häslein, komm herein,	*mit der Hand den Gast hereinwinken*
reich mir deine Hand.“	*die eigene Hand schüttelt die andere*

Kuckuck, Kuckuck, ruft's aus dem Wald

① **Singt das Lied.**

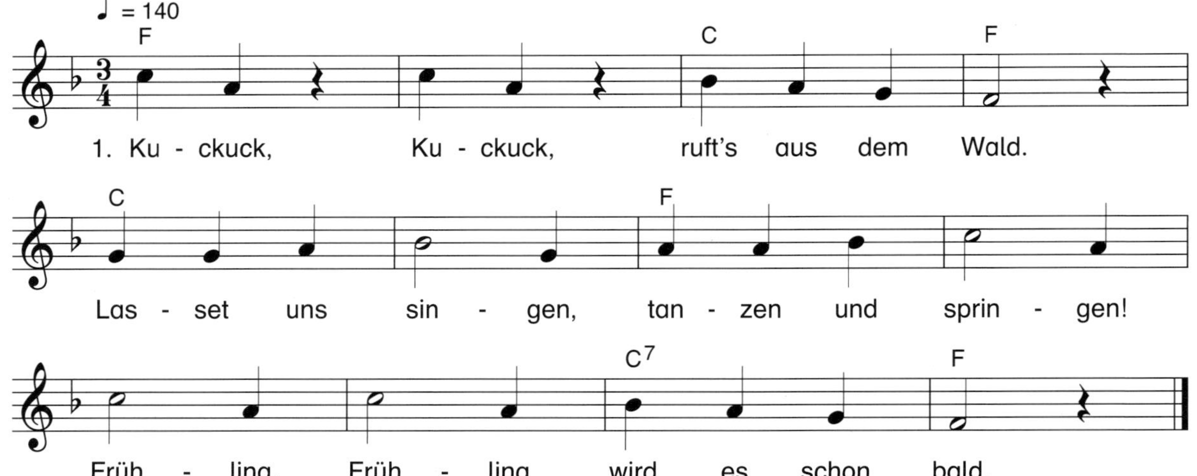

Kuckuck, Kuckuck, ruft's aus dem Wald.
Lasset uns singen, tanzen und springen!
Frühling, Frühling wird es schon bald.

Kuckuck, Kuckuck lässt nicht sein Schrei'n:
„Komm in die Felder, Wiesen und Wälder"
Frühling, Frühling, stelle dich ein!"

Kuckuck, Kuckuck, trefflicher Held!
Was du gesungen, ist dir gelungen:
Winter, Winter räumet das Feld.

② **Sprich mit einem Partner: Was weißt du über den Kuckuck?**

③ **Ein Kind ist der Kuckuck und ruft. Die anderen Kinder zählen. Wie oft hat der Kuckuck gerufen?**

Bunt sind schon die Wälder

① **Singt das Lied.**

② **Zeichne zu jeder Strophe ein passendes Bild.**

1. Bunt sind schon die Wälder,
   gelb die Stoppelfelder,
   und der Herbst beginnt.
   Rote Blätter fallen,
   graue Nebel wallen,
   kühler weht der Wind.

2. Wie die volle Traube
   aus dem Rebenlaube
   purpurfarbig strahlt!
   Am Geländer reifen
   Pfirsiche, mit Streifen
   rot und weiß bemalt.

3. Flinke Träger springen
   und die Mädchen singen,
   alles jubelt froh!
   Bunte Bänder schweben
   zwischen hohen Reben
   auf dem Hut von Stroh.

4. Geige tönt und Flöte
   bei der Abendröte
   und im Morgenglanz;
   junge Winzerinnen
   winken und beginnen
   frohen Erntetanz.

Der Baum der Mehrsprachigkeit

Gestalten Sie in Ihrer Klasse einen Baum der Mehrsprachigkeit.

Das kann mit internationalen Sprachen (Englisch, Französisch, Russisch, Spanisch, ...) erfolgen oder mit Sprachen, die die Kinder in Ihrer Klasse sprechen.

Entweder Sie heften Blätter in einer Farbe für Wörter mit derselben Bedeutung an den Baum (z. B. Baum, tree, arbol, arbre, ...) oder Sie hängen an einen Ast Blätter mit Wörtern, die dasselbe bedeuten. Im Laufe der Zeit kann der Baum seine Blätter auch immer wieder wechseln.

Baumhäuser

① **Lies die Texte. Verbinde sie mit dem passenden Foto.**

Pfahlbauten werden noch heute in Südostasien genutzt. Damit ist es möglich, auf dem Wasser zu wohnen. Sehr oft werden sie von Fischern bewohnt. Teilweise sind Pfahlbauten auch die einzige Möglichkeit, Häuser zu bauen, weil der Untergrund zu feucht ist bzw. die Gegend immer wieder von Überschwemmungen bedroht wird.

Ein Haus aus Baumstämmen nennt man Blockhaus. In den USA wurden viele *log cabins* gebaut. Es handelt sich dabei um eine sehr einfache Holzhütte, die schnell errichtet werden konnte und einen guten Schutz gegen Kälte bot. Beides war für die europäischen Siedler sehr praktisch.

In Norwegen diente ein *stabbur* zur Aufbewahrung von Lebensmitteln.
Es steht auf Pfosten, damit keine Tiere hineinkriechen können und auch Feuchtigkeit draußen bleibt.

Die Eiche von Allouville ist ein ganz besonderes Baumhaus. Seit 1696 wird der untere Raum in der Eiche als Kapelle genutzt, der obere dient als Wohnhaus für eine Person. Die „Eichenkapelle“ zieht jedes Jahr viele Pilger an.

Baumhäuser sind für viele Kinder der perfekte Spielplatz. Ein Baumhaus kann man aus alten Brettern selber bauen oder in einem Baumarkt kaufen. Häufig ist eine Strickleiter nötig, mit der man zum Baumhaus hochsteigt.

Sukkot – Das Laubhüttenfest

① **Lies den Text.**

Sukkot ist ein ausgesprochen fröhliches Fest, das fünf Tage nach Jom Kippur, dem Versöhnungsfest, zum Vollmond im September oder Oktober beginnt und sieben Tage lang gefeiert wird.

Der Name des Festes führt auf die Sukka zurück, eine Laubhütte, die nach festen Regeln gebaut wird. Eine Sukka ist eine einfache Hütte, die leicht auf- und abgebaut werden kann – bei einer Wüstenwanderung wäre etwas anderes nicht möglich gewesen. Sie besteht aus mindestens drei Wänden und einem Dach, das Schatten spenden soll, aber durch das man die Sterne erkennen kann. Das Dach muss so gedeckt sein, dass es nicht hineinregnen kann. Bretter dürfen für den Bau nicht verwendet werden.

Die Sukka ist im Inneren geschmückt und soll Schutz bieten, aber auch geräumig genug sein, dass man darin Gäste empfangen kann. Jedes Jahr wird die Laubhütte neu errichtet, womit man an die Vergänglichkeit erinnert.

Zum Sukkot bindet man einen Feststrauß, den Lulaw. Er besteht aus einem Palmenzweig, drei Myrtenzweigen und zwei Bachweidenzweigen. Zusammen mit einer Zitrusfrucht schwingt man diesen Strauß in alle Himmelsrichtungen als Symbol für das Ernteopfer.

Mit dem Laubhüttenfest danken die Juden überall auf der Welt jedes Jahr für die Ernte und bitten um Regen für das kommende Jahr. Das hebräische Sukkot erinnert in erster Linie an die 40 Jahre, die die Israeliten in der Wüste verbringen mussten bzw. die erfolgreiche Befreiung aus der ägyptischen Gefangenschaft mit der Hilfe Gottes.

② **Erkläre diese Wörter.**

Was ist eine Sukka?

____

____

Was ist ein Lulaw?

____

____

Lösungen

Gruppen bilden (Seite 9)

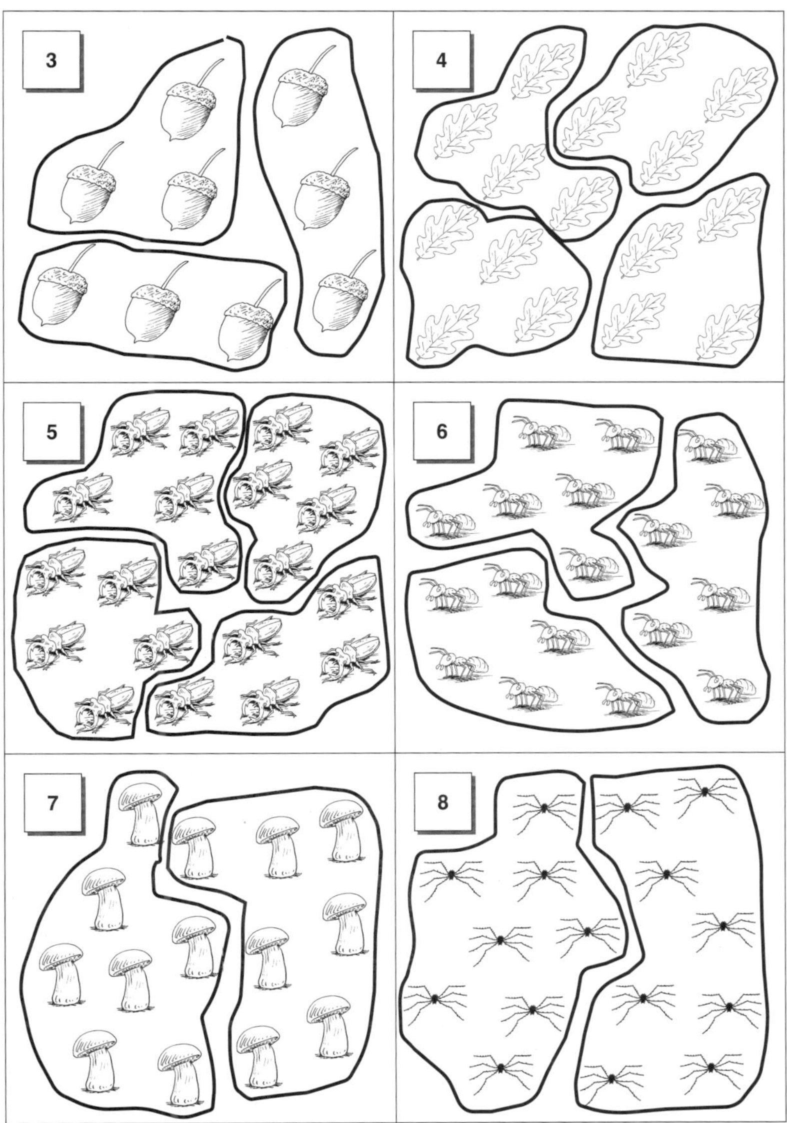

Dinge im Wald zählen (Seite 10)

1

I	III	II	I	III	IIIII	IIIII	II	I

Was gehört nicht in den Wald? (Seite 11)

1. Gabeln und Löffel, Bett, Kopfhörer, Maus auf Wildschwein, Hasen beim Teetrinken, Futterkrippe

Lösungen

Verrückte Waldtiere (Seite 14)

Wald-Haiku (Seite 20)

② Rauschende Bäume

Vögel zwitschern munter hier.

Im Wald bin ich froh.

Einmalig ruhig

umgibt mich der Wunderwald

und verzaubert mich.

③ Haiku 1

Vers 1: **5**
Vers 2: **7**
Vers 3: **5**

Haiku 2

Vers 1: **5**
Vers 2: **7**
Vers 3: **5**

Lösungen

Das Eichhörnchen (Seite 21)

②

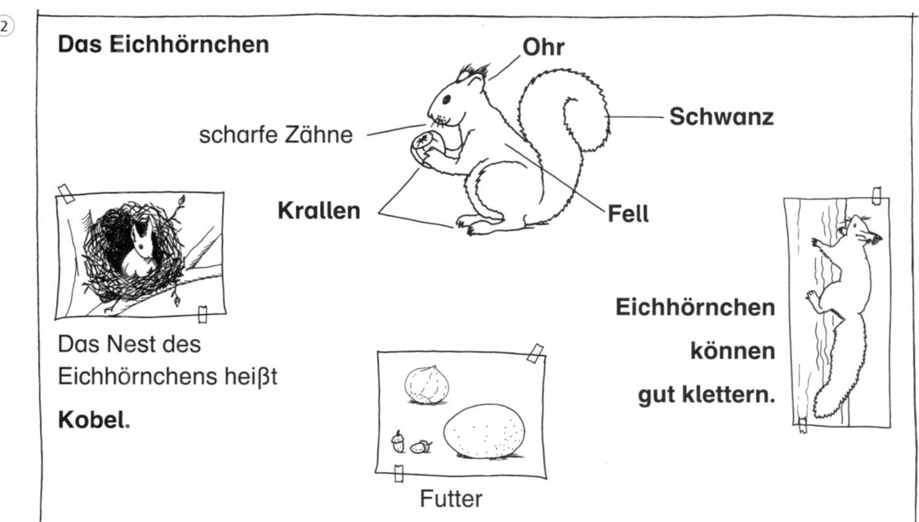

Laubwald – Nadelwald – Mischwald (Seite 22)

② Lösungssatz aus den Stolperwörtern:
Wusstest du schon, dass ungefähr fünfundsiebzig Prozent der deutschen Wälder Mischwälder sind?

③

	richtig	falsch	steht nicht im Text
Laubbäume haben weiche, glatte Blätter.	X		
Der Apfelbaum zählt zu den Laubbäumen.	(X)		X
Die Lärche verliert im Herbst ihre Nadeln.	X		
Fichte und Tanne zählen zu den Laubbäumen		X	
Nadelbäume und Laubbäume stehen niemals gemischt in einem Wald.		X	

Im Wald (1) (Seite 23)

②

Pflanzen	Tiere	Lichtverhältnisse	Geräusche
Bäume, Unterholz und Rankengewächse, Haselsträucher und Kornelkirschen, Buche, Gras	Kaninchen, Insekten, Kuckuck, huschende Tiere, Häher, Eichhörnchen, Eber und Hirschkuh mit Jungen sind häufig auf Pfaden unterwegs	tiefe Schatten, goldene Kringel der Sonnenstrahlen dringen durch die Blätter	Stille, leises Rascheln, Summen von Insekten, Ruf eines Kuckucks, Warnruf eines Hähers, empörtes Schimpfen des Eichhörnchens

Lösungen

Im Wald (2) (Seite 24)

② **Erzähler**: schwarze Schrift / **du selbst**: graue Schrift

hören: Stille, leises Rascheln, Summen von Insekten, Rufe sowie Warnrufe und Schimpfen von Tieren / Knacken von Geäst, Rauschen des Windes durch die Blätter

sehen: Bäume und Büsche, Tiere, die im Wald rumlaufen, spielen und fliegen, einen Mann auf einem Pfad / Laub auf dem Boden, Moos, Pilze, Waldweg

fühlen: hochsommerliche Hitze, kühler Schatten / Windstoß, Insekt, das auf der Haut krabbelt

riechen: Waldgeruch / Geruch von Regen

Der Löwe und der Bär (Seite 25)

④

☐ Wer einmal lügt, dem glaubt man nicht.

☒ Wenn zwei sich streiten, freut sich der Dritte.

☐ Was du heute kannst besorgen, das verschiebe nicht auf morgen.

Es war einmal ... im Wald (Seite 26)

②

Märchen	Bedeutung des Waldes im Märchen
Rotkäppchen	Heimat des Wolfes; hier treffen sich Rotkäppchen und der Wolf; im Wald steht das Wohnhaus der Großmutter
Hänsel und Gretel	Hänsel und Gretel werden im Wald ausgesetzt und verirren sich dort; das Hexenhaus steht im Wald
Rumpelstilzchen	Rumpelstilzchen lebt im Wald; der Bote entdeckt Rumpelstilzchen dort und hört den Spruch „Ach wie gut, dass niemand weiß, dass ich Rumpelstilzchen heiß."
Schneewittchen und die 7 Zwerge	Schneewittchen geht mit dem Jäger in den Wald, der sie dort laufen lässt statt sie zu erschießen; durch den Wald kommt Schneewittchen zu den Zwergen
Brüderlein und Schwesterlein	Brüderlein und Schwesterlein fliehen vor ihrer bösen Stiefmutter in den Wald; Brüderlein verwandelt sich im Wald in ein Reh, nachdem er vom verzauberten Wasser getrunken hat; beide leben viele Jahre in Abgeschiedenheit im Wald; der König begegnet Schwesterlein im Wald, als Brüderlein bei der Jagd des Königs als Reh zu ihr flieht

Interview mit einem Förster (Seite 27)

② Lösungswort: W Ä L D E R

Der Blättervogel (Seite 28)

① 1 Schneide zuerst für den Körper zwei gleich große Ovale aus dem Tonkarton.

2 Klebe dann ein Blatt als Bauch auf das eine Oval aus Tonkarton. Das Blatt sollte etwas weiter unten aufgeklebt werden.

3 Drehe das Oval mit dem Bauch um und klebe auf der Rückseite zwei große Blätter als Flügel an, also ein Blatt links und ein Blatt rechts außen. Zwei kleine Blätter klebst du unten als Füße an.

4 Wenn der Vogelkörper mit dem Bauch, den Flügeln und den Füßen fertig geklebt ist, stanzt du aus dem weißen Karton zwei Kreise für die Augen. Diese klebst du auf und malst schwarze Kreise hinein.

5 Den Schnabel malst du nach dem Aufkleben der Augen mit dem Filzstift auf.

6 Auf die Flügel klebst du das zweite Oval, sodass die Blätter von hinten nicht mehr zu sehen sind. Sie ragen nur noch als Flügel und als Füße heraus.

7 Mit dem Locher stanzt du oben ein Loch aus. Wichtig: Du stanzt durch die beiden zusammengeklebten Ovale. Anschließend ziehst du durch dieses Loch einen Faden zum Aufhängen.

8 Zum Schluss klebst du ein kleines Blatt als Haarschopf über das Loch mit dem Faden. Fertig!

Einladung zum Waldfest (Seite 30)

③

	Das steht in der Einladung.	Das fehlt in der Einladung.
Wer wird eingeladen?	☐	☒ z. B. die Eltern der Drittklässler der Martin-Grundschule
Was wird gefeiert?	☒ ein Waldfest	☐
An welchem Tag wird gefeiert?	☐	☒ z. B. am Samstag den 2. Juni
Um wie viel Uhr wird gefeiert?	☒ um 15:00 Uhr	☐
Wo wird gefeiert?	☐	☒ z. B. im Waldgebiet neben der Martin-Grundschule
Wer lädt ein?	☐	☒ z. B. die Kinder der 3. Klasse der Martin-Grundschule

④

Liebe Eltern der 3. Klasse,

wir feiern am Samstag den 2. Juni um 15.00 Uhr ein Waldfest!
Hierfür treffen wir uns an der Martin-Grundschule
und gehen zusammen ins Waldgebiet nebenan.

Kommt doch vorbei.

Es wird toll und ihr seid herzlich eingeladen.

Liebe Grüße
Eure Drittklässler
der Martin-Grundschule

Lösungen

Kastanien sammeln (Seite 32)

③

Nomen (Namenwörter)	Verben (Tunwörter)	Adjektive (Wiewörter)
Eicheln	rauschen	klein
Igel	rufen	spitz
Fuchs	riechen	hart
Moos		leise
Ameisen		frisch
Waldbienen		kühl
Specht		
Lärche		
Ahorn		

Im Wald ist es schön – Schön ist es im Wald (Seite 33)

③ Im Wald **ist es schön.**
Man hört dort keinen Motorenlärm.
Meistens ist die Luft im Wald frisch und riecht gut.
Es gibt dort viel zu entdecken.
Viele verschiedene Tiere leben im Wald.
Auch viele verschiedene Pflanzen wachsen dort.
Ich bin sehr gern im Wald.

Wald-Suchsel (Seite 34)

①

A	H	N	K	A	K	O	E	I	C	H	E	T
B	I	O	Ü	B	L	P	I	L	Z	E	U	A
Ü	K	H	H	Ä	M	R	C	D	L	S	Ö	N
D	W	I	L	D	S	C	H	W	E	I	N	N
A	L	R	S	D	P	S	H	E	M	T	A	E
H	M	S	T	C	E	T	Ö	F	N	F	B	N
O	F	C	W	E	C	U	R	U	H	I	G	Z
R	E	H	Ö	F	H	W	N	G	P	C	F	A
N	U	P	M	G	T	A	C	Ü	O	H	A	P
E	C	Ä	O	H	N	B	H	K	R	T	R	F
F	H	R	O	I	A	M	E	I	S	E	N	E
H	T	U	S	G	R	Ü	N	E	U	L	E	N

②

Waldtiere	Waldgewächse	Wie es sich im Wald anfühlt oder wie es dort aussieht
Hirsch	Eiche	feucht
Wildschwein	Pilze	kühl
Specht	Tannenzapfen	ruhig
Eichhörnchen	Ahorn	grün
Ameise	Moos	
Eule	Fichte	
	Farn	

Lösungen

Mathebäume (1) (Seite 36)

1

+ 6	
4	**10**
7	**13**
3	**9**
5	**11**

+ 8	
8	**16**
1	**9**
6	**14**
4	**12**

+ 5	
9	**14**
7	**12**
6	**11**
8	**13**

4	
8	**4**
10	**6**
20	**16**
15	**11**

− 9	
12	**3**
19	**10**
13	**4**
9	**0**

7	
18	**11**
13	**6**
9	**2**
20	**13**

Mathebäume (2) (Seite 37)

1

+ 16	
4	**20**
7	**23**
3	**19**
5	**21**

+ 28	
8	**36**
1	**29**
6	**34**
4	**32**

+ 15	
9	**24**
7	**22**
6	**21**
8	**23**

24	
36	**12**
50	**26**
100	**76**
28	**4**

− 39	
60	**21**
83	**44**
59	**20**
78	**39**

57	
58	**1**
73	**16**
69	**12**
90	**33**

Zahlenspiele (Seite 38)

1

2	4	**6**	8	10	**12**	**14**
3	**6**	9	**12**	15	18	**21**
4	8	**12**	**16**	20	**24**	28
6	**12**	18	24	**30**	36	**42**
7	14	**21**	**28**	35	**42**	**49**

2

9 · 3 = **27** N
6 · 4 = **24** A
5 · 8 = **40** B
2 · 9 = **18** S

7 · 4 = **28** I
5 · 9 = **45** U
4 · 3 = **12** K
3 · 7 = **21** T

6 · 6 = **36** E
8 · 9 = **72** M
3 · 5 = **15** A
7 · 6 = **42** A

Ergebnis	12	15	18	21	24	27	28	36		40	42	45	72
Buchstabe	**K**	**A**	**S**	**T**	**A**	**N**	**I**	**E**	N	**B**	**A**	**U**	**M**

Lösungen

100 Eicheln (Seite 39)

① 32 → 33 ↓ 43 → 44 → 45 ↓ **55**

58 ↑ 48 ↑ 38 ← 37 ↑ 27 → **28**

12 ↓ **22** → 23 → **24** → **25** ↑ 15

② 81 → → → **84**

44 ↑ ↑ ↑ **14**

58 ← ← ↓ ↓ **76**

99 ↑ ↑ ← ← **77**

18 ↓ ↓ ← ← ↑ **26**

36 ↓ ↓ → ↑ ↑ ← **36**

20 ↓ ↓ ← **39**

57 ← ↑ → **47**

28 ↓ → ↓ → **50**

100 ↑ ← ↑ ← **78**

7 → ↓ ↓ ← ↑ **17**

61 ← ← ↑ ↑ ↓ ← **48**

Pilzsuche (Seite 42)

①

36 + 27 = **63**	18 + 54 = **72**
36 + 34 = **70**	18 + 19 = **37**
36 + 70 = **106**	18 + 7 = **25**
36 + 9 = **45**	18 + 23 = **41**
36 + 35 = **71**	18 + 32 = **50**
36 + 16 = **52**	18 + 48 = **66**
36 + 41 = **77**	18 + 5 = **23**
36 + 53 = **89**	18 + 71 = **89**
54 – 14 = **40**	87 – 22 = **65**
54 – 27 = **27**	87 – 9 = **78**
54 – 40 = **14**	87 – 19 = **68**
54 – 31 = **23**	87 – 33 = **54**
54 – 52 = **2**	87 – 74 = **13**
54 – 39 = **15**	87 – 61 = **26**
54 – 22 = **32**	87 – 58 = **29**
54 – 49 = **5**	87 – 42 = **45**

Tannenzapfen (Seite 43)

①

11		48
24	+ 9	20
39		50
41		33

17		19
23	– 9	8
30		14
28		21

Lösungen

②

14 + 6	52 – 15	45 + 16	3 + 55
24 + 13	90 – 22	38 – 18	90 – 29

③

63 + 25 = **88**	60 – 59 = **1**
46 + 17 = **63**	**34 – 26 = 8**
56 + 23 = **79**	78 – 69 = **9**
33 + 37 = **70**	85 – 47 = **38**
19 + 35 = **54**	75 – 59 = **16**
34 + 6 = **40**	47 – 18 = **29**
34 + 12 = **46**	65 – 26 = **39**

Beerensuche (Seite 44)

① 7 · 8 = **56** 9 · 2 = **18** 8 · 3 = **24**
4 · 3 = **12** 3 · 7 = **21** 7 · 5 = **35**
6 · 5 = **30** 5 · 8 = **40** 6 · 9 = **54**

② **28 = 7 · 4** **36 = 6 · 6**

Tannenbäume (Seite 45)

① 72 : 8 = **9** 25 : **5** = 5
40 : 4 = **10** 12 : 6 = **2**
21 : 3 = **7** 36 : **4** = 9
54 : 9 = **6** **42** : 6 = 7
36 : 6 = **6** 27 : **9** = 3

630 : 90 = **7** **270** : 30 = 9
240 : 80 = **3** **360** : 90 = 4
450 : 90 = **5** **120** : 40 = 3
180 : 20 = **9** 480 : **60** = 8
350 : 50 = **70** 640 : 80 = **8**

900 : 30 = **30** **240** : 30 = 8
120 : 6 = **20** 500 : **50** = 10
360 : 10 = **36** 100 : **10** = 10
150 : 30 = **5** **160** : 20 = 8
720 : 90 = **8** **560** : 80 = 7

Im Wald (Seite 46)

① Frage: **Wie viel muss er für alle Pfähle bezahlen?**
Rechnung: **12,40 m = 1 240 cm**
1 240 : 40 = 31
31 + 1 = 32 (weil auch am Anfang ein Pfahl gesetzt werden muss)
32 · 5,40 € = 172,80 €
Antwort: **Insgesamt muss Förster Baumann 172,80 € für alle Pfähle bezahlen.**

Lösungen

(2) Frage: **Wie viel kostet der Hochsitz mit der Ratenzahlung?**
Ist die Ratenzahlung oder die Barzahlung günstiger?

Rechnung: **450 + 8 · 90 =**
450 + 720 = 1 170

Antwort: **Mit der Ratenzahlung kostet der Hochsitz 1 170,00 €.**
Die Barzahlung ist günstiger als die Ratenzahlung.

Vom Samen zum Baum (Seite 47)

(1)

Im Herbst trägt der Baum Früchte. In den Früchten sind Samen. Wenn die Früchte reif sind, fallen sie zu Boden und der Samen gelangt so auf den Waldboden, den er zum Wachsen braucht.
Der Wind und einige Tiere helfen dabei, dass sich die Samen verbreiten.

Wenn es im Frühling wieder wärmer wird, keimen die Samen. Aus ihnen wachsen neue Bäume. Aber längst nicht alle Samen überleben den Winter. Sie vertrocknen oder verrotten.

Aus dem aufgequollenen Samen schiebt sich zuerst eine kleine Wurzel, die Keimwurzel. Sie befestigt den Keimling am Boden. Am Anfang hat der Keimling nur zwei kleine Blätter.

Im Laufe der Zeit wird der Stängel des jungen Baumes immer kräftiger und er bekommt mehr Blätter. Anhand der kleinen Blätter lässt sich bereits sagen, um welche Baumart es sich handelt.

Bevor man wirklich bei der Pflanze von einem Baum sprechen kann, vergehen 20 Jahre und mehr.

Sobald die jungen Bäume im Frühjahr blühen, wird der Blütenstaub von Bienen und Vögeln weitergetragen. Durch das Bestäuben können später neue Früchte (Zapfen, Samen, Beeren oder Nüsse) heranwachsen.

Die Stockwerke des Waldes (Seite 48)

(1)

Baumschicht

Strauchschicht

Krautschicht

Moosschicht

Wurzelschicht

Lösungen

Laub- und Nadelwälder in Deutschland (Seite 49)

②

	richtig	falsch	steht nicht im Text
In Deutschland gibt es nur Mischwälder.		x	
Nadelbäume können besonders gut in der Höhe wachsen.	x		
In Mischwäldern gibt es mehr verschiedene Pflanzen als in Nadelwäldern.	x		
Der Harz liegt in Bayern, weil hier die meisten deutschen Wälder zu finden sind.		x	x
Die Lärche verliert im Herbst ihre Nadeln.	x		
Der Laubwald zeigt im Herbst eine besonders schöne Färbung in verschiedenen Grüntönen.		x	

Nadelbäume im Wald (Seite 52)

①

Die **Lärche** ist der einzige Nadelbaum in Deutschland, der im Herbst die Nadeln abwirft. Sie wird zwischen 30 und 40 Meter hoch und kann bis zu 600 Jahre alt werden. Man findet sie an sonnigen Hängen und auch im Gebirge.
Die Nadeln der Lärche wachsen in kleinen Büscheln. Im Herbst verfärben sie sich goldgelb. Die Zapfen der Lärche sind klein und eiförmig. Sie ähneln optisch dem Kiefernzapfen, sind aber viel kleiner als dieser.

Die **Fichte** ist der Nadelbaum, den man am häufigsten in deutschen Wäldern sieht. Sie wächst besonders schnell und stellt keine besonderen Ansprüche an den Boden. Deshalb wird sie gern als Nutzholz angepflanzt. Eine Fichte wird zwischen 30 und 50 Meter hoch und kann bis zu 500 Jahre alt werden. Sie wächst in feuchten und kühlen Lagen sowie im Gebirge.
Die Fichte kann man leicht an ihren herunterhängenden Zapfen erkennen. Dies ist auch das Hauptunterscheidungsmerkmal zur Tanne. Die Nadeln wachsen rund um den Ast, sind spitz und piksen.

Die **Tanne** findet man in deutschen Wäldern nicht so oft. Nur 1,7 % des Waldes besteht aus Tannen. Wenn du also einen „Tannenzapfen" am Boden findest, ist es mit großer Wahrscheinlichkeit ein Fichtenzapfen. Er sieht fast genauso aus. Tannenzapfen wachsen im Gegensatz zum Fichtenzapfen aufrecht am Zweig. Dort zerfallen sie im Laufe der Zeit in einzelne Schuppen. Das bedeutet, das fast nie ein ganzer Tannenzapfen auf den Boden fällt. Tannen findet man in mittleren bis höheren Gebirgslagen, insbesondere auch in Mischwäldern.
Die Tanne kann bis zu 600 Jahre alt werden und wird zwischen 40 und 70 Meter hoch. Die Nadeln der Tanne sind im Gegensatz zur Fichte weich und stumpf – sie piksen also nicht.

Die **Kiefer** ist der zweithäufigste Baum in deutschen Wäldern. Sie kann aufgrund ihrer langen Pfahlwurzel fast überall wachsen. Mit der langen Wurzel findet sie gut Halt und kann auch Nährstoffe aus größeren Tiefen beziehen. Die Nadeln der Kiefer sind paarweise am Zweig angeordnet und vier bis acht Zentimeter lang. Dadurch kann man die Kiefer immer sehr gut erkennen. Ihr Zapfen ist rundlich-eiförmig und relativ groß. Er öffnet und schließt sich je nach Wetterlage. Nur bei gutem Wetter streuen Kiefern ihre Samen aus. Eine Kiefer kann bis zu 600 Jahre alt und zwischen 25 und 45 Metern hoch werden. Sie wächst auf moorigen Böden, Sandböden, aber auch im Gebirge.

Lösungen

Der Wald als Nutzwald (Seite 53)

① Lebensraum: **Eichhörnchen, Vögel und andere Tiere leben im Wald.**
Klimaschutz: **Bäume produzieren Sauerstoff und filtern Kohlenstoffdioxid aus der Luft heraus; die Wurzeln der Bäume und anderer Pflanzen verhindern, dass bei Regen die Erde weggeschwemmt wird; die Bäume dienen als Wasserspeicher und -filter, indem sie das Verdunsten des Wassers verhindern.**
Holz: **Baumaterial für Möbel, Häuser und andere Dinge; Brennholz**
Erholung: **Viele Menschen gehen gerne im Wald wandern; die frische Luft im Wald ist gesund und Bewegung an der frischen Luft sowie im Grünen entspannt.**

Die Fotosynthese: So lebt der Baum (Seite 54)

②

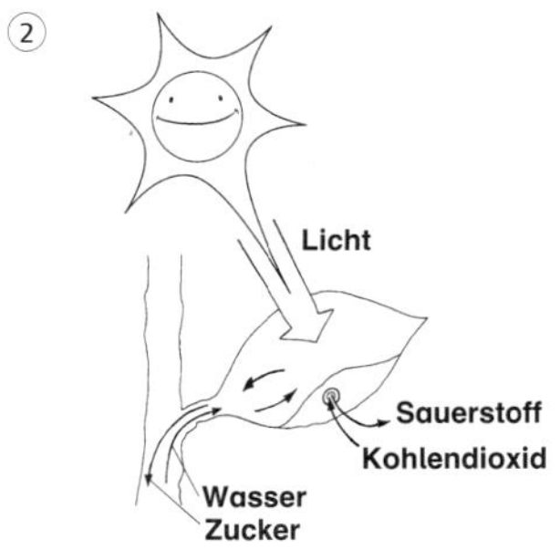

Das Eichhörnchen (Seite 56)

② Ein Feind des Eichhörnchens ist der **Baummarder**.

Die Waldameise (Seite 58)

② Das Leben in einem Ameisenhügel ist streng organisiert. Jede Ameise hat eine bestimmte Aufgabe. Es gibt **Wächterinnen**, die den Ausgang kontrollieren. Bei Kälte oder bei Regen verschließen sie die Eingänge mit Pflanzenteilen. Die **Arbeiterinnen** sind dafür zuständig, dass der Ameisenhügel systematisch aufgebaut wird. Die **Putzfrauen** entsorgen den Abfall, der im Bau anfällt. Zentrum des Ameisenstaates ist die **Ameisenkönigin**. Sie lebt allein in der Mitte des Ameisenhügels und legt jeden Tag bis zu 300 Eier. Sobald die **Larven** aus den Eiern geschlüpft sind, kümmern sich **Brutpflegerinnen** um sie.
Die einfache Waldameise wird bis zu drei Jahre alt. Eine Königin kann aber bis zu 15 Jahre alt werden. Die **Männchen** haben nur ein sehr kurzes Leben. Nach dem Hochzeitsflug mit den Jungköniginnen im Mai sterben sie sofort wieder.
Waldameisen sind für das Leben im Wald sehr wichtig. Sie fressen viele Schädlinge und verteilen Samen, sind aber gleichzeitig auch Nahrung für viele Tierarten.

Fressen und gefressen werden (Seite 59)

②

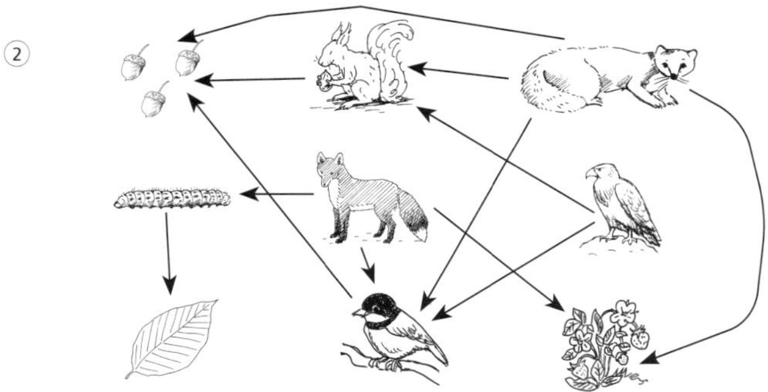

Lösungen

Pilze (Seite 61)

③

A	Ö	U	W	E	T	R	U	Z	O	L	P	K	H	S	F	B	S
S	L	P	M	E	N	A	G	H	P	C	W	N	K	T	E	R	T
D	F	L	I	E	G	E	N	P	I	L	Z	S	B	E	O	M	T
T	T	O	S	W	P	Ä	F	G	E	H	P	M	V	I	Ä	S	F
F	W	B	Z	P	D	F	G	H	J	K	W	T	R	N	E	N	G
K	N	O	L	L	E	N	B	L	Ä	T	T	E	R	P	I	L	Z
G	E	N	D	H	L	Z	E	B	M	T	P	U	F	I	B	S	A
W	A	L	D	C	H	A	M	P	I	G	N	O	N	L	I	N	G
H	T	A	F	W	G	N	D	T	O	P	B	S	A	Z	T	G	N
L	L	S	B	C	M	E	P	I	D	B	A	S	R	O	M	D	Ö
J	M	A	R	O	N	E	N	R	Ö	H	R	L	I	N	G	M	B
K	Z	D	A	S	B	F	F	W	G	F	N	I	M	A	C	U	K

In the forest (Seite 64)

① I can see …

five yellow flowers
four orange flowers
seven red berries
five green bushes
three blue flowers
two brown rabbits
three black birds

Where is it? (Seite 65)

②

A	K	S	X	L	M	N	O	P	Q
B	D	E	E	R	R	S	B	T	U
C	L	T	Q	A	W	X	I	Z	A
D	M	U	C	B	E	A	R	F	N
E	N	W	D	B	E	C	D	P	Y
F	P	Z	E	I	A	F	K	M	W
F	O	X	F	T	T	W	O	L	F
G	W	A	G	X	G	H	K	Y	A
H	L	B	H	E	F	T	J	C	V
I	R	S	Q	U	I	R	R	E	L

Gott und die Bäume (Seite 68)

③

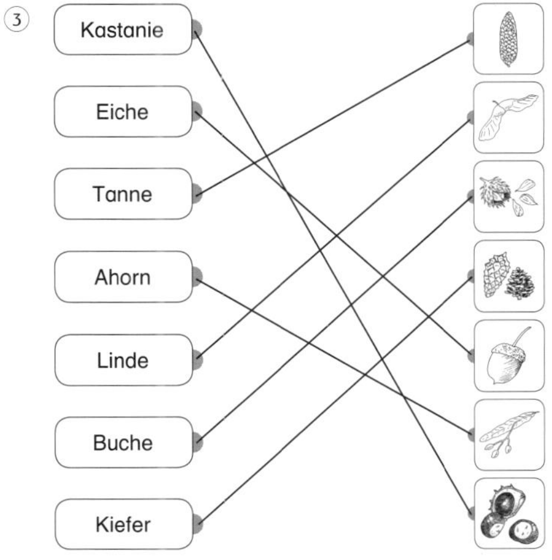

Lösungen

Welche Bäume kommen in der Bibel vor? (Seite 70)

② Nachdem Adam und Eva vom Baum der Erkenntnis gegessen hatten, erkannten sie, dass sie nackt waren. Sie wollten sich bedecken. Dafür pflückten sie sich Blätter vom **Feigenbaum**. (nach 1. Mose 2,4–3,24)

Noah ließ eine Taube von der Arche fliegen. Als sie am Abend zurückkam, hatte sie einen Zweig von einem **Olivenbaum** im Schnabel – ein Zeichen, dass das viele Wasser zurückging. (nach 1. Mose 8,8–12)

Jesus kam nach Jericho. Alle wollten ihn sehen, auch der Zöllner Zachäus. Weil aber so viele Menschen unterwegs waren, musste er auf einen **Maulbeerbaum** steigen, um Jesus sehen zu können. (nach Lukas 19,1–10)

In Jerusalem wollten die Menschen Jesus einen besonderen Empfang bereiten. Sie bedeckten den Boden mit Zweigen von der **Dattelpalme** und riefen: „Hosianna! Gesegnet sei er, der kommt im Namen des Herrn, der König Israels!" (nach Matthäus 21,1–11)

Der Baum der Erkenntnis (Seite 71)

②

1	2	3	4	5	6	7	8
F	**EI**	**G**	**E**	**N**	**B**	**AU**	**M**

Baumhäuser (Seite 81)

①

Pfahlbauten werden noch heute in Südostasien genutzt. Damit ist es möglich, auf dem Wasser zu wohnen. Sehr oft werden sie von Fischern bewohnt. Teilweise sind Pfahlbauten auch die einzige Möglichkeit, Häuser zu bauen, weil der Untergrund zu feucht ist bzw. die Gegend immer wieder von Überschwemmungen bedroht wird.

Ein Haus aus Baumstämmen nennt man Blockhaus. In den USA wurden viele *log cabins* gebaut. Es handelt sich dabei um eine sehr einfache Holzhütte, die schnell errichtet werden konnte und einen guten Schutz gegen Kälte bot. Beides war für die europäischen Siedler sehr praktisch.

In Norwegen diente ein *stabbur* zur Aufbewahrung von Lebensmitteln. Es steht auf Pfosten, damit keine Tiere hineinkriechen können und auch Feuchtigkeit draußen bleibt.

Die Eiche von Allouville ist ein ganz besonderes Baumhaus. Seit 1696 wird der untere Raum in der Eiche als Kapelle genutzt, der obere dient als Wohnhaus für eine Person. Die „Eichenkapelle" zieht jedes Jahr viele Pilger an.

Baumhäuser sind für viele Kinder der perfekte Spielplatz. Ein Baumhaus kann man aus alten Brettern selber bauen oder in einem Baumarkt kaufen. Häufig ist eine Strickleiter nötig, mit der man zum Baumhaus hochsteigt.

Sukkot – Das Laubhüttenfest (Seite 82)

② Was ist eine Sukka? **Eine Sukka ist eine Laubhütte, die einfach auf- und abgebaut werden kann. Sie hat mindestens drei Wände und spendet durch das Dach Schatten. Bretter dürfen für den Bau nicht verwendet werden.**
Was ist ein Lulaw? **Der Lulaw ist ein Feststrauß, den man zum Sukkot-Fest bindet. Er besteht aus einem Palmenzweig, drei Myrtenzweigen und zwei Bachweidenzweigen. Man schwenkt ihn zusammen mit einer Zitrusfrucht in alle Himmelsrichtungen als Symbol für das Ernteopfer.**

Quellen:

S. 23: Auszug aus: Robin Hood (Seite 7) von Rosemary Sutcliff © Verlag Freies Geistesleben, Stuttgart (10. Auflage 2016)

S. 66: Urheber unbekannt: „The tree in the hole"

S. 68: Lutherbibel, revidierter Text, durchgesehene Ausgabe, © 1999 Deutsche Bibelgesellschaft, Stuttgart

S. 69: Lutherbibel, revidierter Text, durchgesehene Ausgabe, © 1999 Deutsche Bibelgesellschaft, Stuttgart

S. 77: Urheber unbekannt: „Im Walde steht ein Haus"

S. 78: Text: Hoffmann von Fallersleben: „Kuckuck, Kuckuck ruft's aus dem Wald", Musik: traditionelles Volkslied

S. 79: Text: Johann Gaudenz von Salis-Seewis: „Bunt sind schon die Wälder", Musik: Johann Friedrich Reichardt

Fotos:

S. 72: Kreuz als Baum © rbkelle – fotolia.com

S. 81: Baumhaus © Kara – fotolia.com
Chêne-chappelle d'Allouville © Ariane Citron – fotolia.com
Logcabin © Tom – fotolia.com
Stabbur © Ricky1968 – fotolia.com
Stelzenhaus © Yü Lan – fotolia.com